KB218782

동아시아 팝,
소실의
자취

동아시아 팝, 소실의 자취

유행의 노래 시대의 곡조, 1914~1945

아시아의 미 24

초판 1쇄 발행 2025년 6월 19일

지은이 신현준 이준희
펴낸이 이영선

편집 이일규 김선정 김문정 김종훈 이민재 이현정
디자인 김회량 위수연
독자본부 김일신 손미경 정혜영 김연수 김민수 박정래 김인환

펴낸곳 서해문집 | 출판등록 1989년 3월 16일(제406-2005-000047호)
주소 경기도 파주시 광인사길 217(파주출판도시)
전화 (031)955-7470 | 팩스 (031)955-7469
홈페이지 www.booksea.co.kr | 이메일 shmj21@hanmail.net

ISBN 979-11-94413-40-0 04670
ISBN 978-89-7483-667-2 (세트)

《아시아의 미Asian beauty》는 아모레퍼시픽재단의 지원으로 출간합니다.

아시아의미
Asian beauty 24

동아시아 팝, 소실의 자취

유행의 노래
시대의 곡조,
1914~1945

신현준·이준희
지음

서해문집

차례

일러두기

외국어 한글 표기는 기본적으로 외래어 표기법을 따르되, 경우에 따라서는 다소 변형해서 썼다. 특히 다른 단어임에도 한글 표기로 변별되지 않을 때는 규칙과 달리 표기했다. 중국어·일본어·몽골어·베트남어는 각국에서 지배적으로 채택하는 로마자(알파벳) 표기와 더불어 '한글라이즈(https://hangulize.org/)' 표기도 참고했다. 글쓴이들이 모든 언어의 전문가는 아니므로 실수와 오류가 있을 수 있다. 오랫동안 굳어진 관습이 있는 지명과 인명 등 고유명사는 표준 표기법을 따르지 않을 수 있고, 이 경우 한글 표기 뒤 괄호 안에 원어 문자를 추가하는 것을 생략할 수 있다.

곡이나 레코드의 제목, 가사의 한국어 번역은 저자들이 직접 했다. 따라서 한국어로 번역되거나 독음되는 제목의 작품이 존재하지는 않는다. 〈그대 언제 다시 오려나(何日君再來)〉라고 표기하는 작품을 예로 들면, 〈그대 언제 다시 오려나〉라는 곡이나 〈하일군재래〉라는 곡은 존재하지 않는다. 또한 '허르쥔짜이라이'처럼 원어 발음도 표기하지 않는다. 가사는 원어 표기를 생략하고 한국어 번역만 적는다.

한국에서 확립된 용어법을 다른 나라에 확대해서 적용하지 않고 그 나라 고유 방식을 존중한다. 예컨대 '대중가요'라는 표현을 한국에서는 익숙하게 사용하지만, 중국과 일본에서는 쓰지 않는다. 따라서 '중국의 유행가곡(流行歌曲: 류싱거취)', '일본의 가요곡(歌謠曲: 가요쿄쿠)'처럼 한국어 번역(한자 표기: 한글 표기)으로 처음 나올 때 표기하고, 이후에는 괄호 안을 생략한다.

용어는 당시 사용했던 표현을 최대한 존중한다. 예를 들어 음반이라는 표현은 당시에 지배적으로 사용되지 않았으므로 레코드라는 표현을 사용한다. 축음기를 유성기로 쓸 것을 제안하는 사람이 있지만, 당시 일본·조선·대만에서는 축음기라는 표현을 많이 썼으므로 그대로 따른다. 현재 대한민국과 조선민주주의인민공화국의 영토를 합해 '조선'이라 표현하고, 현재 중화인민공화국의 동북 3성(省)에 해당하는 곳을 '만주'라고 표현하는 것도 같은 이유다. 권력 중립적 용어는 없으며, 과거의 용어에는 과거의 권력, 현재의 용어에는 현재의 권력이 작동하고 있다는 판단에 따랐다.

prologue

2023년 7월 25일, 글쓴이 신현준은 중국 상하이(上海) 쉬자후이(徐家匯)공원에 있는 한 건물을 방문했다. 입구 오른쪽에 있는 석조물에는 '〈의용군 행진곡〉 녹음 장소'라는 문구가 적혀 있는데, 이곳이 어떤 곳이었는지 잘 모르는 사람은 관방(官方)적이라 느끼고 그냥 외면하면서 지나칠 것이다. 〈의용군 행진곡〉이 중화인민공화국의 국가(國歌)니, 아무래도 꺼림칙하다고 생각하는 한국인도 꽤 있을 듯하다. 물론 지금은 그럴 필요가 전혀 없는 시대라고 생각한다.

그런데 만약 음악·영화·문학 등에서 아시아의 미를 찾는 데 관심이 있다면, 지나친 것이 큰 실수가 아닐 수 없다. 앞서 말한 석조물에는 '百代小楼'라는 한자(漢字)가 작은 크기로, 그 아래에는 'PATHE VILLA'라는 로마자가 더 작게 표기되어 있다. 'PATHE'는 'Pathé Records'의 앞 단어를 대문자로 만들면서 'e'

1921년 상하이에 건립된 파테(Pathe)레코드 건물 앞에서 신현준이 연출된 모습으로 사진을 찍고 있다. 주소는 형산루(衡山路) 611이고, 지도에서는 'Former site of Pathé Records'나 '百代公司舊址'로 검색하면 나온다.

위에 붙은 강세 기호를 생략한 것인데, 레코드 회사나 레이블(label) 이름임은 분명하다. 이 회사가 설립될 당시 국적은 'VILLA'에서 드러나듯 프랑스다. 이는 건물 위치로도 알 수 있는데, 이곳이 바로 과거 프랑스 조계(租界, Concession) 외곽이기 때문이다.

공식적으로 반(半)식민지라고 불리던 곳에 있는 제국주의 국적 회사에서 혁명의 송가가 녹음되었다는 사실은 심대한 아이러니일까? 아니면 그럴 수도 있는 일일까? 글쓴이들은 둘 다라고 생각한다. 건물에 들어가면 그 점이 더 명백해진다. 2층에는 〈의용군 행진곡〉에 관한 인물과 이야기, 자료가 전시되어 사뭇 비장한 느낌이 든다. 그렇지만 3층은 분위기가 딴판이다. 한국인이라면 '중국 옛날 대중가요'라고 생각할 노래들에 관한 낭만적 향수로 가득하다.

그 가운데 눈길을 끈 해설이 하나 있었다. 이 파테레코드 건물이 "중국 팝 음악(pop music)의 탄생지이자 상하이 스타일 사운드의 상징이 되었다"라는 문구다. 이 대목이 들어 있는 글의 제목은 영문으로 "Spring of Pop Music", 중문으로는 "流行之源"이다. 눈길이 갔던 이유는 어쨌든 공산당 통치 국가인 중국에서도 자국의 오래된 대중음악을 국제적으로 소개할 때 '팝 음악'이라는 용어를 사용하고 있기 때문이다. 본문에서 자세히 설명하겠지만 중국어 '流行(류싱: 유행)'은 영어 'pop'에 해당한다.

이를 보는 순간 이 책의 제목을 '동아시아 팝'으로 해야겠다고 마음먹었다. 1945년 이전이라는 아주 오래된 시대를 다루지만, 팝 음악이라는 특정한 단어가 대중음악이라는 일반적 단어보다 적절하다고 판단했기 때문이다. 신현준이 주도하여 2022년에 완간한 한국 대중음악 역사에 관한 네 권짜리 저서의 제목이 《한국 팝의 고고학》(을유문화사, 2022)인 것도 맥락을 같이한다. 그 책에서는 1945년 이후부터 1990년대까지를 다루었지만, 그 이전

百代唱片公司作为中国流行音乐发源地、海派声音符号的象征, 无数名曲、明星诞生于此, 可谓星光灿然、传奇辈出。“当代名歌全归百代, 影坛俊杰皆是一家”的口号, 充分展现了当年百代的实力和气魄。从这里飘出的歌声, 已然成为上海城市文化的符号和象征; 百代小楼, 也成为了中国流行音乐的策源地之一。

Pathé was the birthplace of the Chinese pop music and the icon of Shanghai-style sound, where countless popular melodies and stars were produced from this incubator of legendary celebrities. The slogan that "today's beloved songs are all Pathé-made, and movie stars are from this one family" expressed the power and vision of Pathé at the time. The songs produced from this place were a sheer token of Shanghai cultural characteristics. The Pathé Villa became one of the birthplaces of the pop music in China.

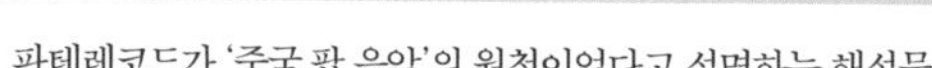

파테레코드가 '중국 팝 음악'의 원천이었다고 설명하는 해설문

시기로 소급한다고 해도 '팝'이라는 단어를 다른 말로 대체할 생각이 사라졌다.

이에 관한 추가적 논거로 영문 서적 두 권을 더 소개해 본다. 출간 시기에는 차이가 좀 있지만, 두 가지 모두 1945년 이전 동아시아의 초기 대중음악을 다루고 있다. 하나는《상하이 팝스의 시대(The Age of Shanghainese pops)》,[1] 다른 하나는《도쿄 부기우기: 일본의 팝 시대와 그 불만들(Tokyo Boogie-Woogie: Japan's Pop Era and

Its Discontents)》[2]이다. 전자는 홍콩의 저술가이자 예술가인 웡키치(Wong Kee Chee, 黃奇智), 후자는 일본인이면서 미국 학계에서 활동하는 나가하라 히로무(Hiromu Nagahara, 永原宣)가 각각 저술했다. 두 책 모두 서양인이 아닌 동아시아인이 동아시아 언어가 아닌 서양 언어로 썼다. 글로벌화 이전에는 이런 일이 흔하지 않았으므로, 이런 출판물 또한 글로벌화의 산물이라고 할 수 있다.

웡키치의 책은 파테레코드 빌라에서 본 'Chinese pop'과 같은 대상을 '상하이 팝(Shanghainese pops)'으로 조금 바꾸어 썼고, 다루는 시기를 좀 더 연장했다. 나가하라의 책은 거의 같은 시기 일본의 사례를 다루고 있는데, 저자는 이를 '일본의 팝 시대'라고 명명했다. 즉, 두 책 모두 'pop' 혹은 'pops'라는 영문 단어를 사용하고 있으니 '동아시아 팝'이라는 이 책의 명명법에 충분한 근거를 제공한다고 믿는다.

그런데 두 동아시아인 모두 영어로 쓴 책에서는 pop(s)이라는 단어를 썼지만, 자신들의 모국어로 쓴 책에서는 그러지 않았다. 웡키치 책의 중문판인《시대곡의 빛나는 시절(時代曲的流光歲月)》[3]과 나가하라 히로무가 일문으로 써서 공동 저서에 수록한 논문 〈쇼팽과 유행가(ショパンと流行歌)〉[4]에서는 pop(s)이라는 단어를 사용하지 않는다. 그 대신 시대곡(時代曲: 스다이취)과 유행가(流行歌: 류코카)라는 동아시아적이고 친숙한 이름이 나온다. 즉,

'상하이 팝스'와 '일본의 팝 시대'를 다룬 두 영문 책의 표지

그들은 '시대곡'에 해당하는 영문 단어를 'Shanghainese Pops'로, '유행가'에 해당하는 영문 단어를 'Japan's pop'으로 각각 채택한 셈이다.

바이링구얼(bilingual) 하지만 영어가 제1언어는 아닌 동아시아인이 모어로 글을 쓸 때, 자국 대중음악을 pop으로 표현하는 일이 불필요할뿐더러 오히려 어색했던 모양이다. 이런 언어적 이중생활은 이제 글로벌 동아시아에서는 일종의 라이프 스타일이 된 듯하다. 이러한 현상이 불가항력적인지 자연 발생적인지에는 논란이 있겠지만, 세상이 그런 방향으로 변해 왔고 지금도 그렇게 변하고 있다는 점에는 논란의 여지가 없다.

그래서 몇 가지 명확히 해 두고자 한다. 우선 이 책에서 사용하는 '동아시아 팝'이란 추상적이고 개념적 범주이지 현실에서 특정 장르를 지칭하는 용어가 아니라는 점이다. 따라서 당시 사람들이 어떤 음악을 팝이라고 부르지 않았다는 지적은 정중히 사양하고자 한다. 또한 팝이란 서양의 대중음악이지 아시아의 대중음악이 아니라는 이분법적 사유에는 적극적으로 도전하려고 한다. 그런 이분법을 유지하려는 주장에 대해서는 음악뿐만 아니라 문학·영화·만화·드라마 등 대중문화의 다른 분야, 나아가 예술·학문·과학·의학 등 모든 분야에서 동과 서를 다 구분해 보라고 요청하고 싶다. 마지막으로 팝이라는 용어를 사용하기는 하지만 20세기 말 이후에 태어난 J-pop이나 K-pop 등의 용어법을 동아시아 팝 역사 전체로 소급하지는 않을 것이다. 이 책에서 동아시아 팝이라는 용어를 사용하는 이유는 20세기 전반에 새롭게 등장한 음악 문화를 이해하기 위해 이 용어가 다른 용어들보다 상대적으로 유용하기 때문이다.

동아시아 팝이라는 개념은 유행가나 시대곡이라는 역사적 장르를 포괄하는 일반 명사다. 그런데 이 유행가나 시대곡도 처음 등장했을 때는 특정 장르를 지칭하는 고유 명사가 아니라 일반

명사에 가까웠던 듯하다. '시대'에 해당하는 영어 단어를 '컨템퍼러리(contemporary)'[5]로, 그리고 '유행'에 해당하는 영어 단어를 '패셔너블(fashionable)'로[6] 채택하는 데에서도 알 수 있듯, 두 음악 스타일 모두 당대에는 동시대 최신 유행, 즉 '팝 컬처'로 인지되었다. 지금 기준으로는 옛날 음악이지만, 당시 사람들에게는 이보다 더 새로울 수 없는 음악이기도 했다. 동시대가 아니라 '그 시절'로 의미가 전성(轉成)되어 노스탤지어의 대상이 된 것은 수십 년 시간이 흐른 다음 일이다. 그러면서 시대곡도 유행가도 역사적 장르로 특정화되었다. 대중음악은 특정 사회 구성원의 집단적 기억 혹은 망각 작용에 매우 중요한 역할을 하므로, 과거에 대한 노스탤지어는 문화 산업이 수익을 올리는 효과적 방법 가운데 하나다. 많은 영화와 드라마가 특정 과거를 그리는 장면에 시대곡과 유행가를 삽입하여 대책 없는 노스탤지어를 자아내고는 한다.

이러한 예 가운데 중국 시대곡으로는 왕자웨이(王家衛) 감독의 영화 〈꽃다운 시절(花樣年華)〉(2000)의 주제가 〈꽃 같은 시절(花樣的年華)〉이 가장 널리 알려졌다. 개봉한 지 20년이 더 지났지만 천하의 방탄소년단(BTS)조차 미니 앨범 제목으로 삼았으니, 영화의 파장이 강렬하기는 했던 모양이다. 이 곡을 처음 부른 저우쉬안(周璇)은 중국 대중음악을 다루는 모든 책에서 이름이 빠지지 않는 인물이다.

일본 유행가는 한국의 역사적 특수성으로 인해 우리에게도 익숙하지만, 특정 곡의 제목까지 널리 알려진 경우는 드물다. 그래서 나가하라 히로무의 책 제목에도 나오는 〈도쿄 부기우기(東京ブギウギ)〉라는 곡을 예로 들어 보겠다. 이 노래를 부른 가수 가사기 시즈코(笠置シヅ子)의 생애는 '아사도라(朝ドラ)'라고 불리는 일본 아침 드라마에서 픽션으로 다뤄지기도 했다. 2023년 9월 일본 공영방송 NHK에서 방영되었는데, 재즈 가수로서 제2차 세계대전 앞뒤에 모두 활동했던 선구적 여성의 삶이 전국 방송을 통해 재조명된 것이다.

이런 노스탤지어의 대상이 서양의 침탈로 사라진 동아시아의 전통과 다르다는 점은 조금만 생각해도 쉽게 이해할 수 있다. 그런데도 먼 훗날, 이 노래가 동아시아적이라고 느끼는 까닭은 당대에 이들 음악을 경험하지 않았으므로, 인물·작품·사건에 대한 그리움이 직접적일 수는 없기 때문이다. 이는 여러 겹의 매개 작용을 거쳐서 형성된 것이다. 그 매개체 가운데 가장 중요한 것은 축음기에서 나오는 소리다. 축음기 바늘이 닿을 때 생기는 잡음을 뚫고 SP레코드에서 재생되는 소리의 질감은 부서지기 쉬운 셸락(shellac) 재질 레코드처럼 금방이라도 스러질 것만 같다. 때로는 몸져누워 있는 늙은 부모의 애잔한 모습을 보는 것 같기도 하다.

그렇지만 그와 반대로 생각할 수도 있다. 그 시대 이전 음악은 그렇게라도 들을 수 있는 가능성조차 전혀 남아 있지 않다. 19세기 중반 이전 인류가 어떤 노래를 부르고, 어떤 음악을 연주하고, 어떤 춤을 추었는지에 관한 자료는 종이나 나무·돌·쇠붙이 등 면에 쓰거나 새긴 것밖에 없다. 동아시아에서도 대중음악, 문자 그대로 대중적 음악의 역사는 19세기 이전으로 거슬러 올라갈 수 있지만, 소리로 기록된 대중음악이 1914년 이전으로 거슬러 가기는 힘들다고 주장할 수 있는 근거가 여기에 있다. 이 책에서 동아시아 팝이라고 부르는 음악은 어쨌든 소리 기록이 남아 있다.

SP레코드로 남아 있는 소리는 당시 사람들이 직접 라이브로 노래하고 연주했던 소리를 충분히 재연하지 못한다. 시간을 껑충 뛰어서 100년 뒤로 와 보자. 2010년대 이후 스트리밍으로 흘러나오는 음악 소리는 라이브로 도저히 재연할 수 없는 경우가 많다. 라이브를 한다면 미리 녹음된 소리를 부분적으로라도 재생해야 한다. 살아 있는(live) 음악과 녹음된(recorded) 음악의 관계가 바뀐 셈이다. 즉, 21세기 이후는 녹음된 음악 소리가 실제보다 과장되어서 아쉽다면, 20세기 전반기에 녹음된 소리는 실제보다 부족해서 아쉽다.

그래서 시대의 곡조이자 유행했던 노래의 소리 기록을 오늘날 다시 들을 때 느끼게 되는 아쉬운 감정이 초기 동아시아 팝의 역설적 미학 기저에 깔려 있다. 이 책은 그 아름다움에 관한 책이다. 그 소리는 아쉽기는 해도 어떻게든 기록되어 남아 있다. 그런 상태가 주는 아름다움이 있고 그런 유형의 아름다움은 동아시아, 정확히 말하면 20세기 전반기의 동아시아라는 말과 잘 어울린다. 아주 오래된 것 같지만 현대에 속하고, 현대에 속하지만 사라져서 없어질 것 같은 상태. 이 책의 제목에 등장하는 '소실의 자취'라는 구절은 그런 상태의 아름다움을 표현해 보려는 노력이다.

이 책은 두 편으로 구성되어 있고 각 편은 또 세 개 장을 포함한다. 제1편과 제2편은 각각 이론과 역사라고 구분할 수 있다. 제1장부터 제3장까지는 서문에서 운을 띄운 동아시아 팝에 관해 이론적·개념적으로 천착해 보았다. 간단히 말하면 제1장은 공간 혹은 지리, 제2장은 시간 혹은 역사에 관한 논의고, 제3장에서는 둘을 종합했다. 다시 말해 제1장은 동아시아, 제2장은 팝 음악, 제3장은 동아시아 팝에 관해 논한다.

먼저 제1장에는 음악에 관한 이야기는 그리 많지 않고 동아시아라는 공간에 대한 저자들의 생각을 담아 보았는데, 음악에 대한 책에서는 굳이 필요하지 않다고 생각할 수도 있다. 그러나 19세기 말부터 20세기 초까지 동아시아 정치사와 레코딩 테크놀로지의 역사를 연관 지어 살펴볼 기회가 되리라고 생각한다. 동아시아를 정치사나 사상사가 아닌 다른 각도에서 보는 글이라고 이해해 준다면 더할 나위 없이 기쁘겠다.

제2장에서는 팝 음악에 관해 논한다. 이 장에서는 동아시아를 일단 잊어버리고 시작하고자 한다. 팝 음악이 서양에만 배타적으로 적용된다는 생각에 이의가 있더라도, 서양에서 전개된 논의에 무관심한 채 동아시아만 들여다본다면 동아시아 팝의 미묘한 의미를 파악할 수 없다. 이를 위해 모더니티·문화·대중문화·매스 미디어·도시 공간·테크놀로지 등 더 큰 범주들도 필요한 부분에서 적절하게 원용할 텐데, '문화연구로 접근한다'는 말이 듣기 편한 사람은 그렇게 이해하는 것도 좋다. 또한 이 장에서는 시간과 공간의 순서를 따르지 않고 최근 사례까지 포함하여, 문자 그대로 동서고금의 사례를 '산만하게' 언급하리라는 점도 미리 밝혀 둔다.

제3장에서는 동아시아 팝 음악을 종합적으로 정의하고 개념화했다. 이 대목을 읽으면서 '동아시아 팝을 동아시아화한다'는 말을 실감할 수 있기를 기대한다. 이를 위해 무엇보다 대중음악 용어로 사용되어 온 한자 용어를 살펴보고, 문자 하나가 다른 문자와 결합하여 둘 혹은 세 문자로 구성된 복합어에 관해서도 살펴본다. 이를 통해 대중음악 관련 용어들이 동아시아 각국, 각지

에서 통일되지 않았다는 점을 확인하고 또한 문학이나 무용 등 음악과 밀접했던 다른 예술 장르와 연관도 밝혀 보고자 한다.

제2편에 속하는 제4장부터 제6장까지는 앞에서 간략히만 소개했던 인물·작품·사건 등에 관한 이야기다. 연대기순이나 장소별이라는 익숙한 기준으로 장과 절을 구성하지 않아서 혼란스러울지 모른다는 말을 미리 전한다. 그러나 이렇게 시간적·공간적으로 장을 구분하지 않은 까닭은 이러한 방식이 가장 낫다고 판단했기 때문이다. 또한 지명은 당시에 불렸던 공식적 이름을 존중했다. 예를 들어 '한국'이 아니라 '조선'을 썼는데, 요즘도 '조선의 4번 타자'나 '조선 팝' 같은 말을 만들어 쓰고 있으니, 큰 문제는 아니라고 생각한다. 민족명에서 유래한 '만주(滿洲)'라는 지명도 마찬가지인데, 사실 현재 중국에서는 이 표현이 터부시된다. 그렇지만 조선과 마찬가지로 만주 역시 하나의 지역, 즉 장소를 지칭한다는 점을 밝힌다. 이는 '일본'이나 '중국'도 마찬가지이므로, 이런 이름이 당시 정치적 실체의 공식 명칭인 대일본제국이나 중화민국과는 다르다는 점을 미리 짚어 둔다. 이 모든 지명이 현존하는 국가, 이른바 국민 국가의 공식 명칭과 일치하지 않을 때도 있음은 역사의 상식이다.

이 책은 신현준이 먼저 초고를 쓰고 이준희가 수정하고 보충했다. 글쓴이들 사이에 생각의 차이나 충돌이 있을 때는 서로 충분히 조정해 가며 수정과 보충을 여러 번 거쳤다. 글쓴이들의 여러 가지 사정으로 작업 진행이 지연되는 등 과정이 순조롭지 않았음에도, 인내를 가지고 기다려 준 아모레퍼시픽재단의 모든 관계자, 특히 관대하게 작업 내용 수정과 지연을 허락해 준 백영서 선생님께 감사의 마음을 전한다.

I

동아시아는 어디인가

팝의 모더니티는 '언제'부터일까

동아시아 팝, 혹은 팝을 동아시아화하기

동아시아, 팝 음악,
그리고
동아시아 팝

동아시아는 어디인가

여러 가지 동아시아

동아시아라는 대상은 얼핏 생각하면 자명한 듯하지만, '동아시아는 무엇인가'라는 질문에 대답하는 것은 결코 쉬운 일이 아니다. 동아시아를 어디서 어떻게 바라보는가에 따라 답이 달라지기 때문이다. 이른바 시각(perspective)에 따라 동아시아는 다르게 정의된다. 여러 시각 가운데 어느 하나만 올바르다고 주장하는 것은 동아시아에 관한 이해를 협소하게 만들 수 있다. 반대로 너무 많은 시각을 열거하면 논의는 산만해진다. 그래서 크게 세 가지로 나누어서 살펴보고자 한다.

첫째, 동아시아를 정치·경제·문화 또는 다른 어떤 시각으로 바라보더라도 동아시아라는 물리적 공간 자체를 완전히 무시할 수는 없다. 이 책도 아시아가 유라시아 대륙에서 유럽을 뺀 나머지고, 동아시아는 아시아의 동부라는 통상적 의미에 심각하게 도전하지는 않는다. 대륙 외에 북서태평양의 크고 작은 섬 일부도 동아시아에 포함된다. 대략 동경 70도에서 140도, 북위 20도에서 50도 사이에 동아시아라는 공간이 위치한다고 할 수 있다. 자연지리학이 이 책의 주요 관심사는 아니므로 지형과 기후 등을 언급하지는 않겠지만, 이 글을 읽는 사람 대다수는 동아시아의 자연에 익숙할 것이다.

물리적 공간을 논한 이상 거기에 자리 잡고 있는 현재 국가들을 떠올리지 않기는 어렵다. 그래서 많은 이는 동아시아라는 물리적 공간은 편의상 한국·중국·일본 세 나라로 구성된다고 생각하기도 한다. 하지만 그런 관점은 편의적일 뿐만 아니라 실질적으로 부정확하다. 중국의 일부라는 주장이 있음에도 대만은 사실상 독립 국가로 존재하며, 북조선은 그보다 더 인정받는 독립 국가다. 또 티베트나 신장(新疆), 홍콩이나 마카오(澳門), 오키나와(沖繩) 등을 한 국가에 속하는 영토 일부로만 규정하는 것을 불편하게 여기는 사람들도 있을 것이다. 게다가 이들 지역 가운데 몇몇은 대중음악에서 주변적이기는커녕 상당한 영향력을 발휘하기도 했다.

동아시아라는 공간에 속하는지 판단하기가 모호한 경우도 있다. 위 두 지도는 동아시아의 범위를 서로 다르게 정하고 있다.

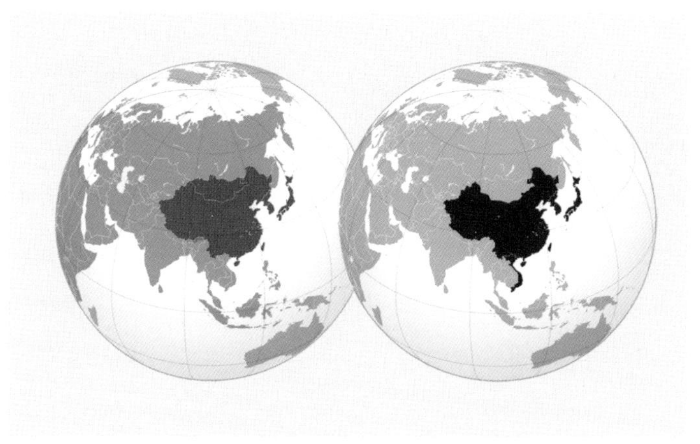

왼쪽은 지리적 동아시아, 오른쪽은 문화적 동아시아.
왼쪽은 베트남, 오른쪽은 몽골이 각각 빠져 있다.

현재 국가 기준으로 말하면 왼쪽 지도에는 몽골을 포함한 대신 베트남이 제외되었고, 오른쪽 지도에는 베트남을 포함한 대신 몽골이 제외되었다. 이 책에서는 몽골과 베트남 모두 동아시아에 유연하게 포함한다. 몽골이나 베트남과 유사한 예는 중앙아시아와 시베리아, 동남아시아와 태평양 섬들에도 존재한다. 단순하게 말하면, 두 지도는 '자연' 중시와 '인간' 중시로 구분된다. 왼쪽은 지리적(물리적) 공간으로서 동아시아, 오른쪽은 문화권으로서 동아시아다. 후자가 동아시아에 관한 두 번째 정의다.

둘째, 동아시아는 그저 물리적 공간이기만 한 것이 아니라 사람들, 즉 인류가 만들어 낸 문화권이고 그래서 거기에는 역사가 개입한다. 앞서 물리적 공간을 보면서 현존 국가를 말할 수밖에 없었던 이유가 거기에 있다. 국가란 사람이 만든 것이고 동아시아라는 개념도 사람이 만들었다. 사람이 그렇게 생각하고 행동하면서 이름을 붙인 것이지 강과 산, 동물과 식물은 그런 이름을 알 리 없다. 여하튼 이 문화권에서 살았던 사람들과 그 후손을 '동아시아인'이라고 부르는 데 이의를 제기하기는 힘들다. 형질인류학 역시 이 책의 주요 관심사는 아니지만, '황인종'이나 '동양인' 또는 '몽골로이드' 등의 호칭은 지금도 동아시아인을 가리키는 표현으로 사용된다. 불행히도 이들은 근현대 이후 종종 비하, 심지어 자기 비하의 뉘앙스를 담게 되었다.

동아시아가 대략 2000년 동안 중화문화권이나 한자문화권 또는 유교문화권 등으로 존속해 왔다는 사실을 부인하기는 힘들다. 중국을 현재 존재하는 중화인민공화국뿐만 아니라 역사적 실체로 볼 때, 이곳을 차지한 세력은 자신을 중심으로 설정하고 그 밖의 세력들을 변방에 배치하는 동심원적 질서를 구축해 왔다. 지난 2천 몇백 년 동안 명멸한 여러 왕조가 제국으로서 동아시아 권역을 지배하고 문화적 영향력을 행사했음은 엄연한 사실이다. 그러나 19세기 중반 이후 그 질서가 변했다.

셋째, 현재 관점에서 동아시아는 경제권, 정확히는 지리 경제적 권역(geoeconomic region)으로 자주 호명된다. 2020년 현재 동아시아는 세계 GDP의 4분의 1 이상을 생산하면서 북아메리카·유럽과 더불어 3대 경제권을 형성하고, 유럽을 이미 추월하여 '넘버 투' 지위에 오른 상태다. 물론 동아시아 인구가 유럽보다 두 배 이상 많은 데에서 생기는 착시를 고려해야 하지만, '3대'라는 지위를 획득한 상징적 효과를 부인하기는 힘들다.

3대 경제권 가운데 하나라는 말을 특별히 강조하는 데는 두 가지 맥락이 있다. 하나는 150년 전 동아시아 경제는 정말 보잘것없었다는 점이다. 일본은 공업화에 성공했지만, 그마저도 제2차 세계대전에서 패한 1945년 직후에는 희망이 없는 듯했다. 하지만 그 뒤 일어난 경제 기적은 이 권역의 정체성을 이루었고, 발전 모델로까지 평가받고 있다. 다른 하나는 지리 정치학(geopolitics), 이른바 지정학 관점에서 동아시아가 지난 150년 동안 심각하게 분열되어 있었다는 점과 관련이 있다. 지금도 정치적 분열은 여전하며 그에 따라 공식적·제도적 통합이 실질적으로 이루어지지 않고 있음에도, 한편으로 먹고사는 문제에서는 비공식적·실질적 통합이 상당히 진전되어 있기도 하다.

이 책은 동아시아에 관한 이 세 견해를 무시하지는 않지만, 어느 하나가 맞고 다른 것들은 틀리다고 강변하지도 않는다. 사실 물리적 공간으로서 동아시아는 시간이 제거된 탈(脫)역사적 대

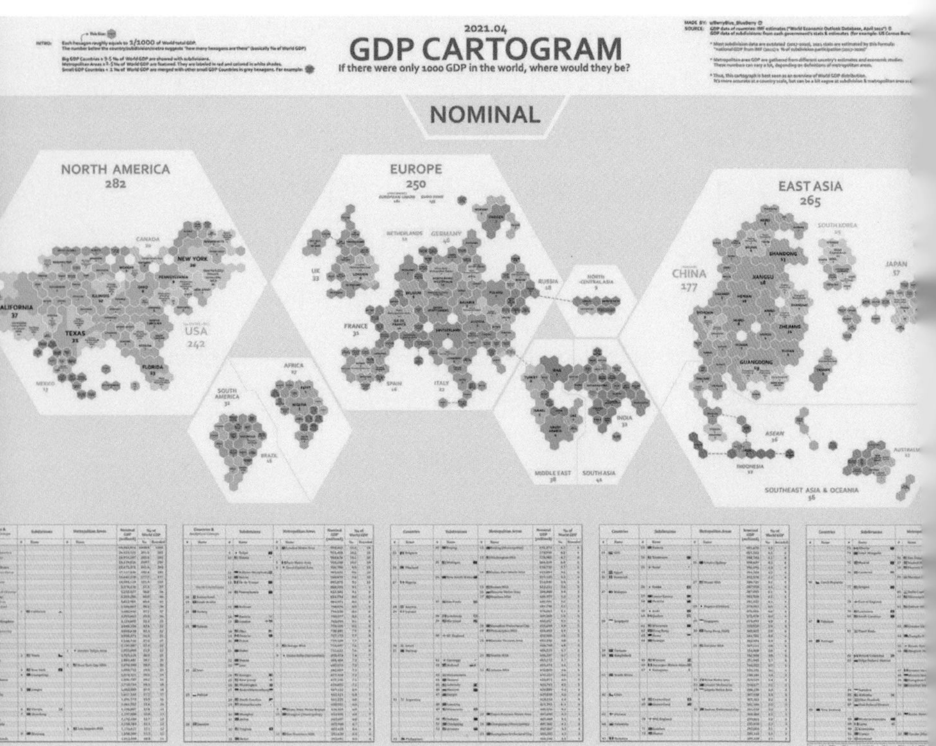

GDP 규모로 분류하는 세계.

동아시아는 동남아시아와 대양주까지 포함하여 넓게 정의된다(출처: 비주얼 캐피털리스트).

상으로, 문화권으로서 동아시아는 시간이 무겁게 짓누르는 초(超)역사적 실체로, 경제 권역으로서 동아시아는 과거는 그냥 잊어버리자는 비(非)역사적 현재로 보려는 경향이 있다. 그리고 세 가지 모두 동아시아에 잘 변하지 않는 어떤 특징이나 본질이 있다고 생각하게 만든다. 그렇지만 동아시아에는 하나의 특징이나 본질로 환원할 수 없는 복잡다단한 사건이 많았고, 그 사건들은 인간이 실천했으므로 생겨난 것이었다. 이 책에서는 대중음악과 관련된 사건과 실천을 서술하고자 한다.

동서 이분법과 그에 대한 불만

공간 문제에 관한 논의를 심화해 보자면, 일단 '동아시아는 어디인가'라는 아주 초보적 질문을 던질 수 있다. 그러나 어원을 깊숙이 따지기는 현실적으로 힘들고 실질적으로 피곤하다. 다만 고대까지 소급되는 '아시아'라는 용어 자체가 동아시아인이 만들지는 않았다는 점은 확인해 둘 필요가 있다. 유럽인들이 동쪽 방향, 이른바 해 뜨는 방향과 연관 지으면서 서쪽과 다른 타자로 아시아를 설정했다는 점은 그리 수고롭지 않게 알 수 있다. 아시아와 호환되는 '오리엔트(Orient)'도 그런 뜻이다.

그렇지만 지구에 남극과 북극은 있어도 동극이나 서극은 없다. 게다가 지구는 문자 그대로 둥근 공 모양이며 가만히 있지 않고 남북을 축으로 계속 자전하기 때문에, 절대적 동이나 서는 있을 수 없다. 그럼에도 세계를 동서로 굳이 나누는 이분법은 다양하게 존재해 왔고, 동과 서의 경계가 어디인지에 관한 논란도 무수히 많다. 여기서 그 내용을 구구하게 늘어놓지는 않겠지만, 그런 동서 이분법이 왜 문제가 되는지는 지적할 필요가 있다.

먼저 동과 서의 경계를 어떤 근거로 어디에 긋든, 서방 세계와 동방 세계가 다르다는 믿음은 두 세계 사이에 상호 작용과 연관이 오랫동안 작동해 왔다는 사실을 경시한다. 동과 서는 고립된 채 존재하지 않았으며, 서로를 의식하고 교환하고 교류함으로써 형성되고 진화해 왔다. 그리고 때로는 동과 서의 거대한 영토를 한 국가가 지배하기도 했는데, 두 가지 대표적 예는 13~14세기 몽골 제국, 18~19세기 러시아 제국이다.

또한 동과 서를 물리적 공간이 아닌 문화적 공간으로 구분한다고 해도, 동서 이분법적 관점에서는 서로 다른 문화를 가진 인간 집단들 사이에 교환과 교류를 넘어 교잡과 혼융이 발생한다는 사실을 잘 고려하지 않는다. 예를 들어 중앙아시아, 동남 유럽, 중남 아메리카처럼 혼종이 예외가 아닌 규칙으로 존재하는 곳을 동이나 서 어느 한쪽에 포함시킨다면, 이런저런 논란을 피할 수 없다.

마지막으로 인종이라는 범주, 즉 생물학적 혈통이나 DNA를 동원하게 되면 세계는 유혈이 낭자한 폭력의 장으로 쉽게 전락하게 된다. 이때 서방과 동방은 백인과 황인으로 등치되고, 동과 서의 이분법은 서로를 타자화, 심지어 악마화하는 담론이 되어 버리기 쉽다. 결론적으로 보면, 인류 평등이나 세계 평화를 위해 이분법이 사용된 경우는 드물었다. 서방이 동방을 타자화하는 가장 유명한 담론이 바로 '오리엔탈리즘'이다.

용어와 범주의 적절성은 어떤 대상의 고정된 상태를 정확하게 묘사하는가에 있는 것이 아니라, 그 대상의 동태적 변화를 유연하게 설명할 수 있는가에 있다. 글쓴이들이 몇몇 용어 사용을 피하겠다고 한 이유는, 그것이 변화를 수용하기에는 지나치게 경직되었거나 자의적이라고 판단하기 때문이다. 동아시아라는 용어는 상대적으로 중립적이라서 그런대로 이 글의 의도에 부합한다. 앞서 본 지리적 공간으로서 동아시아 지도는 국제연합통계부(UNSD)에서 각종 통계를 낼 때 공식적으로 사용하는 세계적 구분법을 따른 것이다.

동아시아가 상대적으로 중립적 표현이기는 하지만, 그 경계는 앞서 간단히 본 바와 같이 결코 고정되어 있지 않다. '무엇이 동아시아고 무엇이 동아시아가 아닌가' 하는 질문에는 어차피 인간이 특정한 의도로 판단하고 결정해야 한다고 답할 수밖에 없다. 글쓴이들에게도 특정한 동아시아 경계가 있기는 한데, 그것만이 올바르다고 주장하지는 않는다. 다만 그 근거를 충실히 제시하려고 노력할 뿐이다.

그러면 동서 이분법은 어떻게 다뤄야 좋을까. 세계를 둘로 나누는 이분법에 아무리 문제가 많다고 해도 글쓴이들마저 익숙해져 버린 그 용법을 완전히 무시할 수는 없다. 그래서 유럽과 아메리카라는 의미에서 서양이라는 범주 그리고 그와 대비되는 동아시아라는 범주를 사용하기는 할 것이다. 그러나 서구나 서방처럼 이데올로기가 명백한 표현은 되도록 사용하지 않으려고 한다. 다른 사람이 실제로 사용한 것을 인용하는 경우가 아니면 쓰지 않겠다는 뜻이다. 여기에는 물론 이유가 있다.

앞서 동서 이분법을 세 가지로 정리할 때 의식적으로 동과 서 사이에 위계를 설정하지 않았는데, 그 이유는 인류의 오랜 역사를 고려한다면 그 위계가 절대 불변하지는 않기 때문이다. 근대 이전에는 몽골 제국이나 오스만 제국처럼 동세(東勢)가 서쪽을 침략하고 정복해서 제국을 건설한 경우도 많았다. 하지만 그렇다고 해서 근대 이후 서의 우위를 기초로 위계가 형성되어 지금까지 유지되고 있는 현실을 인정하지 않는다면, 그것은 이른바 '정신 승리'일 뿐이다. 동아시아 근대에 관한 담론이 '수난'이나 '굴욕'이라는 감정을 동반한 서사로 점철되어 있는 데는 과장은 있을지언정 이유가 없는 것은 아니다. 동아시아인이 스스로 살아가던 곳을 동아시아라고 인식하기 시작했을 때는 서세(西勢)에 무릎을 꿇은 바로 그 순간이 아닐까. 그전까지는 동아시아인에게 동아시아라는 단어가 그다지 필요하지 않았다.

양(洋)의 패권, 동(東)의 좌절

서세동점(西勢東占)이라는 사자성어가 한국에서만 사용되는지 동아시아 권역 전체에서 공유되는지는 불분명하다. 그렇지만 이 단어는 동아시아 근대가 어떻게 출발했는지를 함축적으로 표현한다. 사실 동아시아를 '점'하려고 온 '서세' 가운데는 대양이 아니라 대륙을 가로질러 온 러시아, 배를 타고 대양을 건너오기는 했지만 굳이 따지자면 동쪽에서 출발한 미국도 포함되니, 서양보다는 구미라는 용어가 더 적절하다. 그래서 앞으로 관습에 따라 서양이라고 써도 구미라고 읽어 달라고 부탁하고 싶다.

그런데 동서 구분에는 서사가 하나 더 있다. 1940년대 말부터 1980년대 말까지 지속된 냉전 시대의 동서 이분법이다. 이러한 동서 이분법은 유럽에서 비롯했으므로, '자유주의 서유럽 진영 대 사회주의 동유럽 진영'이라는 구도에는 그럭저럭 들어맞았다. 그렇지만 동아시아에 이를 그대로 적용하는 것은 무리였다. 동과 서가 아무리 물리적 방향이 아니라고 주장해도 어느 정도는 들어맞아야 하는데, 동아시아에서는 차라리 남과 북으로 나누는 게 더 어울리기도 하고 동과 서가 정반대인 측면도 있다. 게다가 두 진영 어느 쪽에도 줄을 서지 않겠다는 '제3세계' 비동맹 운동이 적극적으로 대두한 곳도 넓은 의미에서는 동아시아였다. 아무튼 이 시대 동아시아는 다른 어떤 과거보다 더 잔인하게 분단되었고, 냉전이 공식적으로 끝났다고 선언된 1989년 이후에도 분단은 계속되고 있다. 유럽과는 달라도 너무 다르다.

21세기 들어 냉전 시대의 분단이 어느 정도 완화된 것은 사실이다. 최근에는 동북아시아와 동남아시아를 합쳐 넓은 뜻의 동아시아 범주를 만들거나, 여기에 남아시아까지 합쳐 글로벌 동방(the global East)이라는 범주를 만들려는 시도도 있다. 그러한 시도에 나름의 근거와 효용이 전혀 없지는 않겠지만, 미국의 '인도(양)-태평양'이나 러시아의 '유라시아' 구상에 그런 가상의 시도와 중첩되는 면이 많다는 점은 그저 무심하게 보아 넘기기 어렵다. 거기에 강대국의 권력을 향한 욕망이 있음을 눈치채기는 어렵지 않다.

그래서 동아시아와 관련된 명칭들 가운데 동방·극동·동양·(대)동아 등 비교적 오래된 용어들 그리고 동북아시아·아시아-태평양·글로벌 동방·인도(양)-태평양 등 비교적 새로운 용어

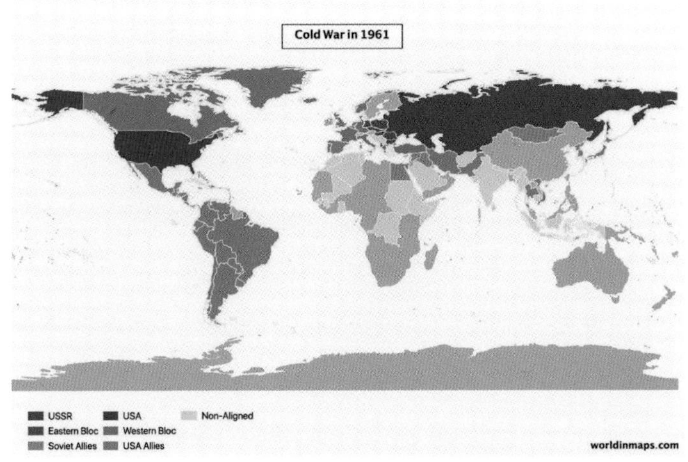

냉전 시대인 1960년대 초 서방과 동방. 미국과 소련은 가장 진한 파란색과 빨간색으로, 서방 블록과 동방 블록은 같은 색조의 낮은 명도로, 동맹국들은 더 낮은 명도로 표시되어 있다. 비동맹국은 노란색, 독자 노선을 취한 나라는 회색으로 표시되어 있다. 동아시아 여러 곳은 분단되어 있다(출처: worldinmaps.com).

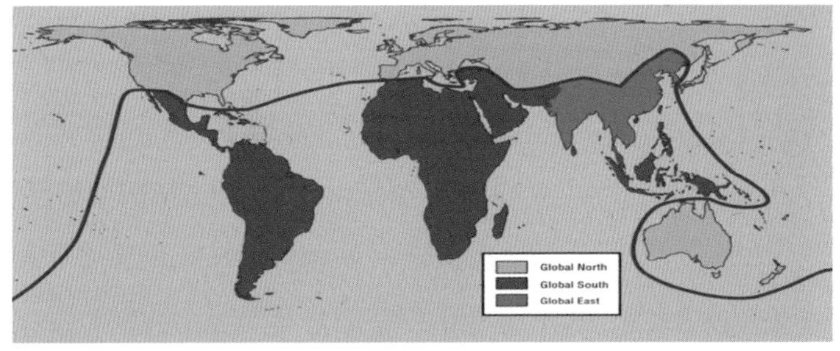

미국 정치학자 케글리(Kegley)와 레이먼드(Raymond)는 '글로벌 동방' 범주를 제안했다. 이 범주에 속한 나라들은 "글로벌 남방에서 굴기하여 지금은 글로벌 북방의 번영 수준과 경합"한다. 그러나 이 범주가 학계에서 지배적 학설로 정착한 것은 아니며, 이질적 나라와 지역을 지나치게 뭉뚱그리고 있다는 지적을 받고 있다. 일본은 글로벌 동방이 아니라 글로벌 북방에 들어가 있고, 북방은 냉전 시대의 서방과 동방을 포괄한다.[I]

들은 이 책에서 되도록 피하고자 한다. 각각에 관해 자세히 설명할 여유는 없지만, 그런 범주들은 각각 특정한 시기에 세계를 자신의 의도대로 만들려던 세력이 특정한 의도로 만들어, 특정 이데올로기적 의미를 내포하고 있기 때문이다. 그 의미는 '제국'이나 '식민'이라는 제도 및 실천과도 무관하지 않다.

분명한 것은 서세동점이 진행된 지 100년이 훨씬 넘은 지금도, 서양의 패권이 과거에 비해 상대적으로 약화했는지는 몰라도 소멸하지는 않았다는 사실이다. 사실 자유주의나 사회주의 모두 유럽에서 발원했으니 서양에 기원을 둔 이데올로기이기는 마찬가지다. 그것이 좋은지 나쁜지에 관한 판단과는 다른 문제다. '기원만 서양일 뿐 동아시아 실정에 맞게 충분히 변환되었다'는 주장도 있겠지만, 그 또한 다른 문제다.

결국 동서 이분법도 문제고 서양의 패권도 문제라고 보는 이 책의 시각이 혼란스러울 수도 있다. 그러나 다시 정리를 해 보면, '동아시아가 서양으로부터 받은 영향이 강력했지만 절대적이지는 않았고, 서양의 영향에 무력한 듯한 동아시아도 마냥 수동적이지는 않았다'는 것이 실제에 가장 가깝다. 사실 '영향과 응답'이라는 패러다임도 강자의 논리에 따를 때가 많다. A가 B에 영향을 준다(A influences B)는 것은 A가 하는 말이다. B로서는 B가 A를 흡수했다(B incorporate A)고 말할 수도 있다. 위계에 따른 불평

등과 비대칭이 '디폴트(default)'인 상태에서 이런 상호 작용과 상호 연관의 디테일을 보지 않는다면, '일방적 영향'과 '능동적 수용'이라는 양단 사이에서 헤매게 된다. A와 B 사이에 무수한 매개 혹은 중개가 있음은 말할 필요도 없다.

그럼에도 과거 문헌에서는 동과 서의 구분이 너무나 뚜렷하다. 근대 초기 동아시아 나라들의 슬로건이었던 중국의 중체서용(中體西用), 일본의 화혼양재(和魂洋才), 조선의 동도서기(東道西器)를 보면, 동아시아는 정신적이고 추상적인 체·혼·도라는 본질로 정의되지만, 서와 양은 용·재·기라는 물질적이고 실용적 기능으로 정의된다. 이 양과 연관되는 단어 가운데 하나가 양악(洋樂)이다. 모든 서양 음악의 줄임말이니 대중음악 및 팝 음악도 양악의 한 갈래다. 양복·양식·양옥이라는 기본 의식주 영역은 물론 음악 외 다른 세세한 분야에까지 '양'을 앞에 붙인 무수한 문물이 밀고 들어왔다.

'양'으로 시작하는 모든 단어는 외래와 신식을 표상했다. 반면 동아시아에 오랫동안 존속해 왔던 것들은 재래와 구식이 되었다. 간단히 말하면 전자는 현대, 후자는 전통이 되었고, 서양은 현대와 등치되었다. 말을 더 만들어 보자면, 양화(洋化)는 자동으로 진화(進化) 혹은 개화(開化)를 의미했다. 동아시아도 서양과 달리 나름대로 현대를 전개해 왔다는 생각은 근대 초기에서 100년쯤 지난 뒤에나 출현했을 뿐이다. 물질문명은 '양'을 적극 수용하고 정신문화만 '동'을 견지하면 된다는 생각은 그 후로도 너무 오랫동안 동아시아를 지배해 왔다. 음악에서도 양악은 서용·양재·서기의 하나로 적극 수용되어 무지몽매한 사람들을 깨우치는, 즉 계몽의 역할을 맡는다고 설정되었다.

물론 이러한 생각은 동아시아의 지배 계급 엘리트가 만들어 냈으며, 동시대 사람 다수가 그때부터 그런 생각에 동의했는지는 불확실하다. 편의상 다수의 사람을 대중이라고 부른다면, 대중은 대체로 계몽이나 문명개화의 대상이었지 그 주체는 아니었다. 이 계몽은 흔히 '근대의 기획'이라 불리고, 그 근대란 당연히 유럽의 상황을 배경으로 한다. 그러므로 동아시아에서 그러한 기획이 유럽과 똑같이, 또는 비슷하게 전개되었으리라고 믿을 이유는 없다. 게다가 동아시아 각국·각지에서도 계몽은 천차만별로 전개되었다.

전쟁과 연예, 어떤 평행 이론

서세동점 제국주의 시대와 냉전 시대 사이 동아시아에는 중요한 패권 세력이 하나 있었다. 다름 아니라 일본제국, 공식 명칭으론 대일본제국이다. 다음 지도는 일본제국이 어떻게 확장되었는지를 보여 준다. 반복하자면, 역사 교과서에 나오는 정치사를 대중음악의 문화사와 엮고 꿰는 것이 이 책의 목적이다.

일본은 1854년 미국의 압력으로 어쩔 수 없이 개항하고, 1868년 메이지 유신(明治維新)을 단행하면서 근대화를 본격화했다. 이후 일본은 1869년에 아이누(アイヌ)의 땅 홋카이도(北海道) 전역을 공식적으로 영토화했고, 계속해서 영역을 넓혀 갔다. 1875년부터 1910년까지 지시마(千島)열도(현재 쿠릴열도), 류큐(琉球)왕국(현재 오키나와), 대만, 가라후토(樺太) 남부(현재 사할린 남부) 그리고 조선을 차지했다. 이후 20년쯤 영토 확장을 멈추고 잠시 숨을 고르던 일본은 1931년에 만주사변(滿洲事變)을 일으켜 만주를 사실상 식민지화했고 1937년부터는 대륙에서 중국과, 1941년부터는 대양에서 미국과 혈전을 벌였다. 그 결과 일본은 처절하게 패배했지만, 일본이 지배했던 동아시아 곳곳에는 일본제국의 유산인 근대 초기의 흔적이 남아 있다. 당시 식민과 근대는 동전의 양면이었다. 제국으로서 지배력을 상실한 1945년 이후에도 일본은 동아시아 권역의 경제적·문화적 패권을 오랫동안 유지했다.

일본과 대조적 역사를 겪은 나라는 중국이다. 일본이 미국에 의해 개항하기 전, 청(淸)제국은 1839~1842년 영국에 맞선 아편전쟁에 패배하면서 연안 항구들을 개방하고 일부에는 양인(洋

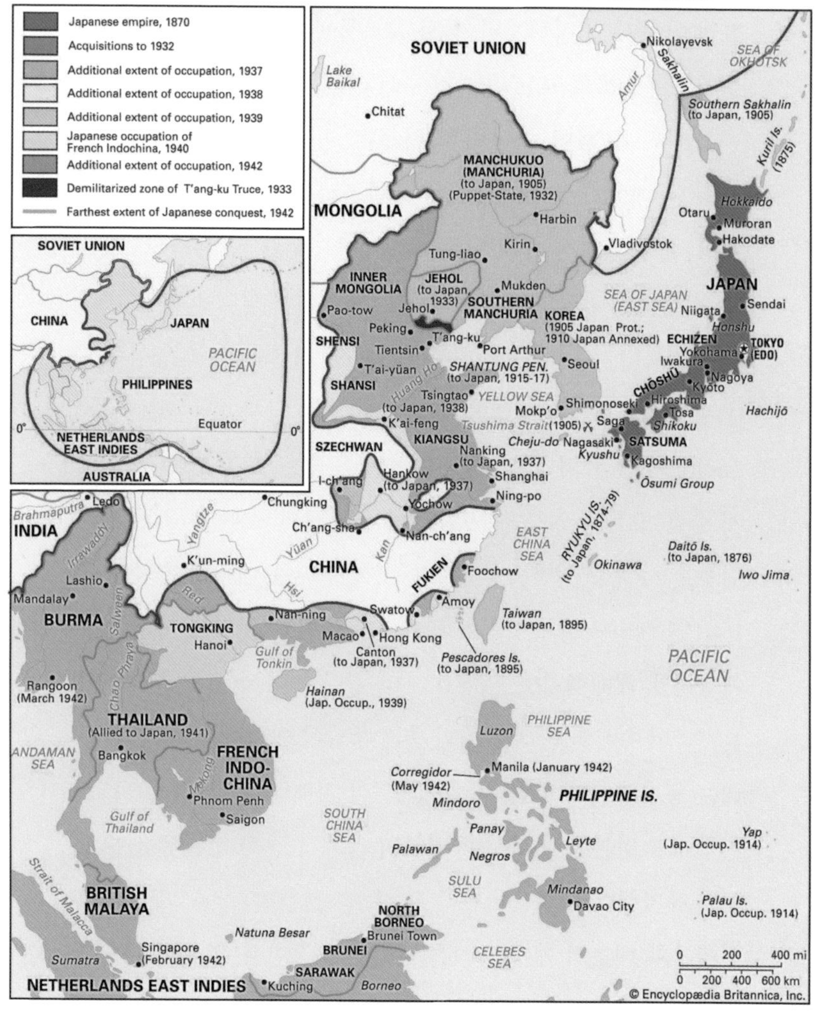

JAPANESE EXPANSION IN THE LATE 19TH AND 20TH CENTURIES
Japanese empire, 1870
Acquisitions to 1932
Additional extent of occupation, 1937
Additional extent of occupation, 1938
Additional extent of occupation, 1939
Japanese occupation of French Indochina, 1940
Additional extent of occupation, 1942
Demilitarized zone of T'ang-ku Truce, 1933
Farthest extent of Japanese conquest, 1942
SOVIET UNION
CHINA
JAPAN
PACIFIC OCEAN
PHILIPPINES
Equator
NETHERLANDS EAST INDIES
AUSTRALIA
SOVIET UNION
Lake Baikal
Chitat
Nikolayevsk
Sakhalin
SEA OF OKHOTSK
Amur
Southern Sakhalin (to Japan, 1905)
Kuril Is. (1875)
MANCHUKUO (MANCHURIA) (to Japan, 1905) (Puppet-State, 1932)
MONGOLIA
Harbin
Hokkaido
Otaru
Muroran
Hakodate
Kirin
Vladivostok
Tung-liao
INNER MONGOLIA
JEHOL (to Japan, 1933)
Mukden
SOUTHERN MANCHURIA
JAPAN
SEA OF JAPAN (EAST SEA)
Niigata
Sendai
Pao-tow
Jehol
KOREA (1905 Japan Prot.; 1910 Japan Annexed)
Honshu
Peking
T'ang-ku
ECHIZEN
TOKYO (EDO)
SHENSI
Tientsin
Port Arthur
Yokohama
Iwakura
T'ai-yüan
SHANTUNG PEN. (to Japan, 1915-17)
Seoul
Nagoya
SHANSI
Huang Ho
CHŌSHŪ
Kyoto
Tsingtao (to Japan, 1938)
YELLOW SEA
Hiroshima
Mokp'o
Shimonoseki
Tosa
Hachijō
K'ai-feng
Tsushima Strait (1905)
Saga
Shikoku
KIANGSU
Cheju-do
Nagasaki
SATSUMA
SZECHWAN
Nanking (to Japan, 1937)
Kyushu
Kagoshima
Shanghai
Ōsumi Group
I-ch'ang
Hankow (to Japan, 1937)
Ning-po
Chungking
Yochow
RYUKYU IS. (to Japan, 1874-79)
Ch'ang-sha
Nan-ch'ang
EAST CHINA SEA
Daitō Is. (to Japan, 1876)
Brahmaputra
Ledo
INDIA
Irrawaddy
Yangtze
Yüan
Kan
CHINA
FUKIEN
Foochow
Okinawa
Iwo Jima
K'un-ming
Lashio
Mandalay
Salween
Red
Hsi
Amoy
BURMA
Nan-ning
Swatow
Taiwan (to Japan, 1895)
TONGKING
Hanoi
Macao
Hong Kong
Canton (to Japan, 1937)
Gulf of Tonkin
Pescadores Is. (to Japan, 1895)
PACIFIC OCEAN
Rangoon (March 1942)
Chao Phraya
Hainan (Jap. Occup., 1939)
THAILAND (Allied to Japan, 1941)
Luzon
PHILIPPINE SEA
ANDAMAN SEA
Bangkok
FRENCH INDO-CHINA
Mekong
Corregidor (May 1942)
Manila (January 1942)
Phnom Penh
Mindoro
PHILIPPINE IS.
Gulf of Thailand
Saigon
SOUTH CHINA SEA
Panay
Yap (Jap. Occup. 1914)
Palawan
Leyte
Negros
Strait of Malacca
SULU SEA
BRITISH MALAYA
Mindanao
Davao City
Palau Is. (Jap. Occup. 1914)
NORTH BORNEO
Brunei Town
Natuna Besar
BRUNEI
CELEBES SEA
Singapore (February 1942)
Sumatra
SARAWAK
0 200 400 mi
0 200 400 600 km
NETHERLANDS EAST INDIES
Kuching
Borneo
© Encyclopædia Britannica, Inc.

1870년 제국 성립 이후 1942년까지 일본의 영토 확장(출처: 《브리태니커 백과사전》)

人)의 거류까지 허용할 수밖에 없었다. 1856~1860년 제2차 아편전쟁에서 다시 패배한 이후에는 더 많은 항구를 개방해야 했고, 그에 따라 더 많은 양인이 몰려왔다. 한 가지 빠뜨리지 말아야 할 것은, 시베리아를 가로질러 온 러시아가 이때 만주 동부를 연해주로 합병했다는 점이다. 1884~1885년에는 인도차이나 지역에 관한 패권을 놓고 청제국과 프랑스의 전쟁, 이른바 청불전쟁(清佛戰爭)이 벌어졌고 그 결과 베트남·라오스·캄보디아는 중국의 영향권에서 떨어져 나와 프랑스의 지배를 받게 되었다. 영국이 인도 지배를 공식적으로 시작한 해가 1858년이니, 19세기 중후반 인도양에서 떠오르는 패자는 영국과 프랑스였다.

여러 전쟁에서 패배를 거듭한 중국이 당한 가장 결정적이고 충격적 패배는 청일전쟁(清日戰爭)이다. '왜(倭)'라고 우습게 보던 이웃 나라 일본에 굴복한 뒤, 청제국의 반식민지 상태는 가속화되었다. 일본처럼 일사불란하게 근대화를 이루지 못한 청제국은 결국 1911년 신해혁명(辛亥革命)으로 무너졌고, 그 대신 아시아 최초의 공화국인 중화민국이 수립되었다. 그렇지만 신생 중화민국이 이미 갈가리 찢긴 거대한 땅덩이를 효과적으로 통치하기는 쉽지 않았고, 여러 군벌이 자기 영역을 만들어 지배하는 혼란이 한동안 지속되었다.

요약하자면, 19세기 중반 서양에 의한 개항, 19세기 말 중국에 대한 일본의 승리 그리고 20세기 중반 일본제국의 패전과 붕괴로 이어지는 시기를 동아시아의 근대라고 부를 수 있다. 이 근대는 제국주의·전쟁·혁명 등으로 매우 혼란스러웠다. 이 시기 조선에서는 강화도조약(1876), 갑신정변(甲申政變, 1884), 동학농민전쟁(1894~1895), 갑오개혁(甲午改革, 1894), 을미사변(乙未事變, 1895), 아관파천(俄館播遷, 1896년), 을사조약(乙巳條約, 1905), 고종 폐위(1907), 한일합병(1910) 등이 일어났다. 이를 일본, 중국과 함께 연표로 만든다면 일국사가 아닌 권역사 시각으로 당시를 볼 수 있다. 대만·오키나와·베트남·몽골·만주·티베트 등도 같은 시기에 조선과 비슷하게 심란한 시간을 보냈다.

이 시기 서양인들은 동아시아에 수많은 신문물 혹은 양품(洋品)을 가지고 왔다. 그 가운데 이 책과 관련해서 무엇보다 중요한 것은 축음기 또는 유성기다. 미국에서 에디슨(Thomas Alva Edison)이 원통형(실린더) 축음기를 발명한 해가 1877년인데, 조선이 일본의 압력을 받아 강화도조약을 체결하고 문호를 개방한 이듬해다. 1887년에는 독일계 미국인 베를리너(Emile Berliner)가 원반형(디스크) 축음기를 발명(혹은 개량)했다. 개혁을 통해 근대화를 추진하려던 갑신정변이 좌절된 지 3년 뒤다.

그 뒤 이야기들을 간략히 설명하자면, 에디슨은 당초 음악을 녹음하려는 의도로 축음기를 발명하지 않았다. 그러나 베를리너

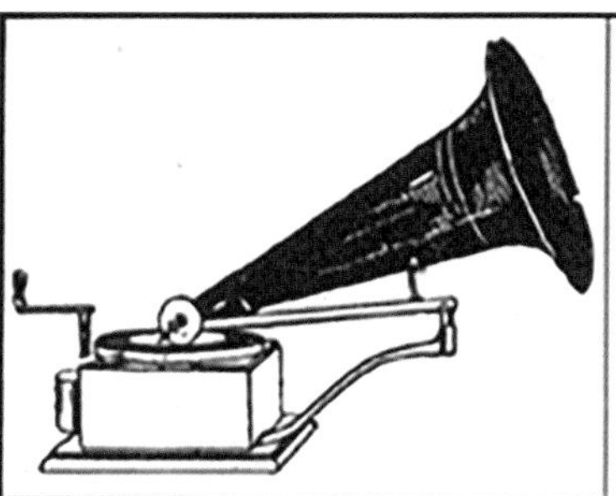

에디슨의 원통형 포노그래프와 베를리너의 원반형 그라모폰을 소개한 1890년대 광고. 포노그래프든 그라모폰이든 모두 소리(phono/phone)를 기록(gram/graph)한다는 뜻이다. 이를 번역하여 일본과 한국에서는 축음기, 중국어에서는 유성기라고 했다. '기' 자의 한자로 처음에는 '器'를 사용했지만 점차 '機'로 정착되었다.

는 에디슨이 생각지 않은 음악 녹음으로 상업적 수완을 발휘했고, 원통형과 원반형이 치열하게 경쟁하다가 후자가 결국 시장을 장악했다. 처음에는 축음기를 판매하기 위해 레코드를 끼워 주었으나 뒤에는 레코드 자체가 산업이 되었고, 1914년에 관련 특허권 상당수가 시효 만료되면서 산업이 본격적으로 도약하게 되었다. 이는 매우 복잡한 과정이었지만 여기서 자세한 설명은 생략한다. 여기서 알아 두어야 할 사실 몇 가지만 지적하자면 다음과 같다.

첫째, 에디슨의 발명 이후 19세기 말부터 20세기 초까지 레코드 산업의 초기 역사는 매우 복잡하게 전개되었다. 요약해서 설명하자면, 콜럼비아(Columbia)로 대표되는 에디슨 계열 레코드 회사는 미국과 영국을 중심으로 사업을 전개했으므로 영미(英美)계라고 부를 수 있다. 그 맞수로 치열한 경쟁을 펼친 베를리너 관련 레코드 회사 빅터(Victor)는 여러 나라에서 사업했지만 콜럼비아와 대비해 미국계라고 부를 수 있다. 보통 명사가 아닌 고유명사로서 그라모폰(Grammophon)과 그 상호(레이블)인 'His Master's Voice(HMV)'도 베를리너와 연관된다. 20세기 전반기 세계 레코드 시장을 지배했던 콜럼비아와 빅터는 이후 꽤 오랫동안 라디오 방송국인 CBS와 RCA에 각각 속해 운영되기도 했다.

둘째, 1894년 프랑스에서 파테, 1903년에는 독일에서 베카

(Beka)와 오데온(Odeon)이 각각 설립되어 유럽(대륙)계 레코드 회사들도 세계 레코드 산업의 또 다른 주역으로 자리를 잡았다. 파테·베카·오데온은 중국 남방과 동남아시아에서 판매된 레코드에 이름을 꽤 많이 남겼는데, 이는 일본과 그 식민지에서 콜럼비아와 빅터 등 미국계 혹은 영미계 회사가 강세를 보였던 것과 대조된다. 종종 간과되는 점이기도 한데, '누가 개항을 시켰는가'가 음악 산업에도 꽤 오래도록 영향을 미친 셈이다. 이들 다수는 제1차 세계대전 이후 영국의 재벌 레코드 회사 EMI에 흡수되었지만, 한동안 레이블 이름은 유지하기도 했다. EMI는 2012년까지 4대 글로벌 메이저 가운데 하나였다.

셋째, 미국이든 유럽이든 서양계 회사를 제외한다면 동아시아 최초의 레코드 회사는 1910년에 설립된 일본축음기상회(日本蓄音器商會)로 추정된다. 보통 '日蓄'으로 줄여서 표기하고 일본어로는 닛치쿠, 한국어로는 일축이라 읽는다. 영문 표기는 Nipponophone이었다. 이 회사의 전신은 1907년 미국과 일본 자본이 합작 설립한 일미축음기제조주식회사(日米蓄音機製造株式會社)였으니, 설립 시점을 몇 년 더 올려 잡을 수도 있겠다. 일축은 1927년 이후 영미계 콜럼비아 레이블을 달고 레코드를 발매하면서 일본·조선·대만에서 메이저로 활동했다.

세 가지 사실 관계 확인에 이어 전쟁사와 기술사라는 측면에서 평행 이론을 전개해 볼 수도 있다. 동아시아 근대에서 전쟁과 식민은 축음기 및 레코드의 발전과 동시에 전개되었다. 글쓴이들은 이러한 양상이 순전히 필연이나 우연으로 나타났다고 보지 않는다. 미국에서 '도금 시대(Gilded Age)'라고 부르는 19세기 말에는 테크놀로지가 비약적으로 발전해 사회 모든 분야에 심오한 영향을 미쳤지만, 군사와 연예라는 특수 분야에서 특히 집약적으로 활용되었다. 한편에서는 이전과 비교할 수 없이 성능이 뛰어난 무기로 잔인한 전쟁이 일어나고, 다른 한편에서는 과거에 듣지도 보지도 못했던 악기(樂器)로 새롭고 재미있는 연예를 즐기게 된 때가 바로 20세기 초다. 전자는 쓰디쓴 전장, 후자는 달콤한 가정이 현장이었다.

즉, 초기 레코드 산업이 성립된 과정은 동아시아에서 일어난 주요 전쟁의 역사와 잘 맞아떨어진다. 10년 간격으로 일어난 청불전쟁(1884~1885), 청일전쟁(1894~1895), 러일전쟁(1904~1905) 세 사건 사이 20년 동안 서유럽과 북아메리카에서 축음기 및 레코드 회사들이 설립된 것이다. 이들은 당초 북아메리카와 서유럽을 기반으로 활동했지만, 생각보다 매우 빠르게 세계로 사업을 확장해 구미에서 물리적으로 가장 먼 동아시아도 그들의 사업 범위에 들어왔다.

어느 나라에나 19세기 말, 20세기 초에 축음기가 처음 연주되었다는 기록이 있다. 조선에서는 1897년에 평양에 살던 외국인들이 미국에서 들여온 축음기와 레코드를 행사 여흥으로 들었다는 기록이 있고, 1899년부터는 일반 대중에게 레코드를 들려주고 돈을 받는 영업장이 들어서기 시작했다는 기록이 있다. 비슷한 시기 미국 대리 공사 알렌(Horace Newton Allen)이 축음기를 가지고 와서 고종 앞에 설치하고 소리꾼의 재담을 녹음한 뒤 재생했다는 이야기도 있다. 다만 마지막 이야기는 아무런 근거가 확인되지 않으므로 사실이라고 믿기는 힘들다. 확인되는 사실이든 '카더라'는 전설이든, 동아시아 다른 나라들에도 이와 비슷한 사례가 많이 전해 온다. 이는 어느 곳이 근대화에 먼저 착수했고 또 성공했는가와 직결된 현상은 아니었다. 테크놀로지는 사회나 경제의 근대화 정도가 높든 낮든 어느 곳에나 전파될 수 있다. 때로는 근대화가 뒤처진 곳에서 음악이 먼저 녹음된 경우도 있고, 근대화가 진전되었어도 녹음된 음악이 없을 수도 있다. 다시 한번 강조하자면, 테크놀로지가 활용되는 동기와 방식, 효과는 천차만별이며 그러한 차이는 문화·경제·정치 등 여러 조건과 맥락에 의존한다.

테크놀로지가 일단 전파되고 대중화하면 본래 개발 의도와 다르게 사용되기 마련이며, 이를 테크놀로지 발명자가 완벽하게 통제할 수는 없다. 축음기와 레코드도 마찬가지다. 축음기와 레코드가 가져온 가장 중요한 효과가 대중음악에 끼친 영향인데, 이는 본래 에디슨의 개발 의도와는 달리 사용된 결과다. 대중음악의 성장과 더불어 음악 녹음은 레코드의 지배적 용도가 되었다. '기록'이나 '기록하기'라는 일반 명사 레코드(record)와 레코딩(recording)이 별도 설명이 없을 경우 대개 '소리 녹음', 주로 '음악 녹음'을 뜻하게 된 것은, 오용의 효용이 얼마나 컸는지를 말해 준다.

이 장은 말하자면 두 번째 서론인 셈이다. '동아시아 대중음악'이라는 주제에서 앞에 놓인 동아시아에 관해 알아보았기 때문이다. 동아시아라는 말을 그저 당연하게 생각하지 말고 다면적으로 볼 필요가 있다는 것이 이 장에서 내내 강조한 내용이다. 사실 사람마다 동아시아에 관한 자기만의 생각이 있을 테고, 그것은 글쓴이들의 생각과 가깝기도 하고 멀기도 할 것이다. 어떻든 '하나의 올바른 동아시아만 있어야 한다'는 강박에서 벗어나는 것이 생산적 대화의 시작이다.

글 중반부에서는 '동서 이분법'과 '서양의 패권'에서 벗어나기 위해 무엇이 필요한지에 관해서 글쓴이들의 생각을 밝히려 노력했고, 결과적으로 식민주의와 냉전이라는 무거운 주제가 등장하고 말았다. 이는 극복해야 할 대상이라고 인식되었지만, 그저 한

번 타격만으로 제거되지 않는다는 것이 동아시아의 경험이기도 했다. 1940년대 영국과 미국 식민주의에 대항했던 일본제국주의, 1960년대 미국과 소련 양자 모두에 반기를 들었던 중국 공산주의가 성공적이었다고 보는 사람은 거의 없을 것이다..

동서 이분법이나 서양 패권주의는 대중음악과 전혀 무관한 이야기 같지만, 그렇지 않다. 서양 대중음악, 실제로는 영미 대중음악의 패권은 지금도 사라지지 않았다. 물론 대중음악의 패권이 정치 경제적 패권을 그대로 따른다는 생각은 안이하지만, 산업과 시장에서 그 패권은 명백하다. 이 패권에 동아시아 각지에서 '우리의 음악'으로 맞서 보려 했던 시도는 운동으로서 존중할 가치야 있지만, 대중적 반향을 얻는 데 성공했다고 보기는 힘들다. 그래서 동아시아 대중음악은 서양 대중음악의 모방이라는 지적을 최근까지 완전히 지우지 못했다.

그런데 이 책의 제목은 동아시아 대중음악이 아니라 동아시아 팝 음악이다. 굳이 '팝'이라는 이름을 고집스럽게 쓰려는 이유는 다음 장에서 자세히 다루고자 한다. 그 전에 흥미로운 논점을 하나 제기하면서 이 장을 마무리하려고 한다.

양악을 포함하여 '양'이라는 글자를 앞에 붙인 많은 용어가 지금은 사용되지 않거나, 사용된다고 해도 서양이라는 기원은 많이 희석되었다. 예전에 양악이라고 불렸던 음악을 지금 서양적이라고 느끼는 동아시아 사람은 많지 않다. 21세기 동아시아 젊은 세대들에게는 가야금 산조 같은 전통음악이 현악 4중주 같은 서양 고전음악보다 더 이국적으로 들린다.

이는 단지 동아시아 내부에서 팽대해진 서양 음악에 대한 자신감만의 문제는 아니다. 21세기 동아시아 나라들은 자국에서 만들어진 대중음악에 '팝'이라는 명칭을 자신 있게 붙이고, 동아시아 팝 음악은 서양에서 '이게 무슨 팝 음악이냐?'는 반응을 더 이상 듣지 않는다. 노래 가사가 영어도 아니고 가수가 백인이나 흑인이 아닌데도 팝으로 공인되었고, 글로벌 시장에서 어느 정도 지분도 확보하고 있다.

약 20년 전에 일본과 호주의 몇몇 학자들은 아시아 대중문화 전반에 관해 "본질주의적 아시아주의(essentialist Asianism)에 대한 대중적 아시아주의(popular Asianism)의 승리"[2]라고 말했다. 어떤 싱가포르 학자는 "안보 아시아(security Asia)"와 "경제 아시아(economic Asia)"를 대비하면서 전자를 비판하고 후자를 상찬하기도 했다.[3] 전자는 유럽의 식민주의적 사유를, 후자는 아메리카의 냉전적 사유를 비판적으로 극복하려는 의도가 있다. 이런 견해들이 대중과 시장에 지나치게 관대하다는 인상을 준다는 점은 일단 논외로 하더라도, 1990년대 이후 동아시아에서 발생한 문화적 변화에는 주목하는 반면 그 이전 시기로는 거슬러 올라가지 않는다는 점은 짚어 볼 필요가 있다. 이 책에서 그와 달리 이전 시기로 거슬러 올라가려는 까닭은 모든 역사에는 당연히 연속성이 있기 때문이다.

팝의 모더니티는 '언제'부터일까

케이팝(K-pop), 즉 한국에서 만든 음악을 팝이라 부르게 된 지도 20년 정도 흘렀다. 그보다 10년쯤 전인 1990년대에 일본제 대중음악을 제이팝(J-pop)이라고 불렀고, 그보다 10년쯤 전에는 홍콩제 대중음악을 칸토 팝(Canto pop), 일본에서 만들어진 한 장르를 시티 팝(City pop)이라고 칭했다. 서양에서 그렇게 호명한 것이 아니라 스스로 그렇게 불렀다는 점이 중요하다. 당시에 이런 음악들은 동아시아인들에게 동아시아 음악처럼 들리지 않고 서양 음악처럼 들렸다는 뜻이다. 하지만 이제 이런 동아시아 팝 음악을 서양 음악이라고 느끼는 사람은 거의 없다.

팝 음악이 어떻게 도입되고 어떤 과정을 거쳐서 아시아에 내면화되었는지, 그 출발을 짚어 볼 필요가 있다. 그러기 위해서는 팝 음악이라는 명칭이 문자 그대로 사용되기 훨씬 전, 개항 이후 동아시아 근대가 시작되고 서양 음악이 들어온 시점에서 시작해야만 한다. 그리고 그 전에 서양에서 팝 음악이 어떻게 개념화되었는지 살펴볼 필요도 있다. 즉 팝 음악이라는 개념 및 용어가 어떻게 사용되고, 사유되고, 논의되고, 공인되었는지 함축적으로 논의해야 한다는 뜻이다.

물론 이 작업에서는 대중음악, 대중문화, 모더니티 각 용어에 관해서도 살펴봐야 하는데 각 범주의 포괄 범위가 언급한 순서대로 커지니, 가장 큰 범주인 모더니티에서 시작해 역순으로 진행해 보려 한다. 이 과정에서 근대·현대·근현대 등 모더니티에 해당하는 한자어들은 문맥에 따라 적절한 것을 유연하게 채택하거나, 때로는 그냥 모더니티라고 쓸 수도 있다. 한 가지 용어로 통일할 방법이 도저히 없기 때문이다.

이런 혼돈은 '서양'과 마찬가지로 '모던'도 동아시아에서 오래 사용된 개념이 아니었다는 점에서 나온다. 근대라는 시대는 서양의 세계사적 승리라는 사건과 긴밀하게 연관된다. 그와 동시에 나머지 세계는 모두 전근대 사회가 되어 버렸다. 그렇지만 '고대-중세-근대'라는 삼분법이 유럽을 제외한 세계에는 잘 들어맞지 않는다. 서양에서 'early modern'에 해당하는 시기를 동아시아 역사학계에서 근세(近世)라는 절충적 단어로 표현하고 심각한 논쟁을 벌였던 까닭도 그런 이유다.

그렇지만 급진적으로 갑자기 모든 용어를 사용하지 말자고 할 수는 없는 일이다. 적어도 19세기 중엽 이후 동아시아에 근대가 도래했고, 1945년 이후는 현대가 도래했다는 것이 대략의 합의라면, 19세기 중엽 이후 동아시아의 사회와 문화는 모더니티의 자장(磁場)에 들어갔다고 봐야만 한다. 그러나 그 모더니티는 하나의 이상적 상태를 따르는 균질적인 것이 아니다.

모더니티, 매스 미디어, 팝 음악

모더니티가 무엇인지에 관해서는 우선 참고할 만한 책의 목차만 훑어보겠다. 저명한 영국 문화연구자 스튜어트 홀(Stuart Hall)이 편집하고 1992년 개방대학(The Open University)에서 교재로 출판한 책이 있다. 네 권 가운데 첫 번째《모더니티의 형성》[4]을 보면, '계몽과 사회 과학의 탄생', '근대 국가의 발전', '경제의 출현', '사회 구조의 변화: 계급과 성별', '근대 사회의 문화적 형성', '서양과 나머지(the Rest)'로 장이 여섯 개다. 조금 익숙한 말로 바꾸어 보면 계몽의 기획, 근대 국민 국가, 자본주의 시장 경제, 계급 및 성별의 위계, 문화 개념의 계속적 변화, 서양 대 나머지 등의 내용이라고 할 수 있다.

대체로 고개를 끄덕일 만한 항목들이고, 하나하나 깊고 넓은 부연이 필요한 주제들이다. 여기서는 특히 다섯 번째 '근대 사회의 문화적 형성'에 집중해 보고자 한다. 팝으로 해석할 수 있는 음악이 등장한 때는 빨리 잡아도 1910년대고, 용어법은 훨씬 더 나중에 정착했다. 그렇지만 팝 음악보다 넓은 범주인 대중음악, 나아가 대중음악을 포함하는 더 넓은 범주인 대중문화는 그보다 먼저 형성되었다고 보는 게 적절하다. 다시 말하지만 실제로 그 용어가 그때 사용되었는지는 다른 문제다.

《모더니티의 형성》을 바탕으로 문화라는 단어의 의미가 어떻게 사용되었는지, 그 변화를 추적해 보면, 서양의 맥락에서 문화라는 단어는 15세기에는 경작, 16세기에는 정신, 18세기에는 예술로 각각 부각되었다고 한다. 유럽 상황에 맞추어 도식적으로 보자면 '농경 문화'는 15세기, '정신문화'는 16세기, '문화 예술'은 18세기에 각각 두드러졌다.

교양 있는 엘리트들이 향유하는 '고급' 문화나 '순수' 예술과 대비되는 말로 대중문화가 쓰이기 시작한 때는 19세기라고 한다. 따라서 대중문화가 처음 탄생한 무렵에는 부정적 의미를 많이 안고 있었다. 20세기에 접어든 뒤 대중문화는 신문·잡지·레코드·영화·라디오 등 매스 미디어를 통해 노동계급과 중하층계급의 일상으로 침투했다. 대중문화를 향한 비하와 조롱은 이때도 여전했기에, 그 주체인 대중은 현대 도시에 집단 거주하면서 노동으로 삶을 영위하는 무리(衆: mass) 정도로 인식되었다. 당시

한국 엘리트 지배 계급 및 그 후예들 표현으로 하면 '무식하고 못 배운 사람들' 정도가 아닐까 싶다.[5]

대중문화가 매스 미디어와 밀접하다는 사실은 재차 강조해도 지나치지 않다. 특히 대중음악이 발전한 데는 1877년 에디슨의 발명으로 시작된 축음기와 레코드의 발전이 결정적 계기가 되었다. 즉, 19세기 말~20세기 초 축음기와 레코드의 발명 및 상업화가 대중음악 발전에 거대한 변화를 가져왔음은 너무나 당연하다. 전례 없는 테크놀로지 발명과 발전으로 대중음악에 획기적 변화가 초래되었다는 사실은 아무리 강조해도 지나치지 않다.

그런데 대중음악, 말 그대로 대중적 음악이 축음기 이전에 없었다고 볼 수는 없다. 음악을 기록하는 매체로 레코드 대신 악보가 있었기 때문이다. 그 당시 음악 출판이란 악보를 종이에 인쇄해 상업적으로 판매하는 산업이었다. 그러니 '대중적' 음악이나 '인기 있는' 음악은 레코드로 기록되기 이전으로 거슬러 올라갈 수 있다. 초기 미국 대중음악 서술에서 장르처럼 사용되는 틴팬앨리(Tin Pan Alley)가 악보를 판매하던 뉴욕 골목 이름이었다는 사실은 대중음악사를 공부하는 사람이라면 누구나 아는 상식이다.

그런데 대중음악과 팝 음악은 구분할 필요가 있다. 'pop'이 'popular'의 축약이라고 두루뭉술하게 넘어갈 수도 있겠지만, 축약은 종종 의미 변화를 동반하는 경우가 많고 pop도 그에 해당한다. 아무래도 영어 단어이니, 팝 음악에 관한 영어권의 논의를 보는 게 필요할 듯하다. 대중음악학의 선구자인 사이먼 프리스(Simon Frith)는 〈음악의 산업화(The Industrialization of Music)〉라는 에세이에서 "1945년 무렵 팝 음악이란 팝 레코드를 의미"한다고 썼고, 이는 "소수의 큰 회사들 통제하에서 진행된 테크놀로지적이고 상업적인 과정"이라고 덧붙였다.[6] 그에게 팝 음악은 레코드라는 테크놀로지와 레코드 산업이라는 상업적 실천의 산물이었기에 "레코드 산업의 역사는 전기 제품 산업 역사의 한 측면"일 뿐이라고까지 말했다.[7] 여기서 팝은 포괄적이고 일반적인 대중음악에 비해서 제한적이고 특정한 범주다. 이 책 역시 그 견해를 받아들인다.

21세기에는 '레코드 산업'을 '레코딩 산업'으로, '전기 제품'을 '전기·전자 제품'으로 업데이트해야겠지만, 프리스의 주장 자체는 여전히 유효하다. 이제 사람들은 스마트폰으로 플랫폼에 접속해 스트리밍으로 음악을 듣지만, 그 음악이 레코딩된 것이라는 점은 변하지 않았다. 초기 축음기 산업에서도 통신 기기(전화)와 음향 기기의 차이는 칼로 무 자르듯 명확하게 구분되는 게 아니었다. 두 가지 모두 소리를 다루는 기술에 기반하고 있었기 때문이다. 그 점만 놓고 본다면 21세기 초 스마트폰의 기능 일부는 19세기 말 상황과 상통하는 면이 많다. 그사이에는 통신 기기와 음향 기기가 오히려 더 엄격히 분리되어 있었다.

"1945년 무렵 팝 음악이란 팝 레코드를 의미"한다고 했으니, 프리스가 팝 음악을 1945년 이전으로 소급하는 것은 자연스럽다. 그는 또 다른 글에서 20세기 전반 미국 대중음악, 예를 들어 래그타임·블루스·재즈·힐빌리 등도 팝 음악 범주로 포괄했고, 마이크로폰 테크놀로지의 등장이 1930년대 팝 가수, 이른바 크루너(crooner)에 미친 영향도 언급했다.[8] 팝 음악, 나아가 대중음악 일반에서 연상되는 것이 기악보다는 성악, 가수의 노래라는 것도 1930년대를 거치면서 정착되었다. '인기 가수가 레코드를 발매하여 판매 실적을 기록한 차트에 오르는 것'이 우리가 알고 있는 팝 히트(pop hit)고, 히트는 팬의 열광을 동반한다. 동아시아에서도 팬을 열광하게 만드는 인기 가수가 탄생한 때는 서양과 거의 비슷한 시기지 몇십 년 지난 뒤는 아니다.

음악과 관련되어 팝이라는 용어가 등장한 때가 1926년이라는 주장도 있다. 한국 최초의 유행가로 한때 거론되던 〈사의 찬미〉가 발표된 무렵이니, 생각보다는 늦다. 그렇지만 시기가 앞서는 다른 사례도 얼마든지 찾을 수 있으니, 일례로 보스턴 팝스 오케스트라(Boston Pops Orchestra: BSO)가 '팝스'라는 말을 채택한 때가 1900년이다. 이와 반대로 장르로서 팝 음악이 성립한 때는 1950년대 중후반 이후라는 주장도 있다. 용어 사용이 혼란스럽고 복잡한 것은 동아시아에서만 그런 것은 아니다.

팝과 그에 관한 불만

우선 팝 음악을 1945년 이전으로 소급하는 데에 관한 반론의 근거는 대체로 다음 세 가지를 들 수 있다. 하나는 팝 음악이라는 용어가 실제 대중적으로 사용된 때가 1950년대고, 이때 팝 음악은 당시 새롭게 부상한 인기 장르 로큰롤(rock'n'roll)과 등치되었다는 주장이다. 로큰롤 이전에 대중적이었던 역사적 장르들, 예를 들어 빅 밴드 시대의 스윙·룸바·탱고·맘보 등도 댄스 열광(dance craze)을 불러일으켰지만, 이들은 성인 사교댄스에 기초했다는 점에서 로큰롤이 일으킨 팝 열광(pop craze)과는 다르다. 즉 팝 음악은 팬 중에서도 청년들의 열광을 바탕으로 성장했다고 생각하는 사람이 많다. 이들은 1940년대까지 대중음악의 일부를 팝 음악이라고 부르든 말든 관심이 없다. 사족이지만, 한국과 베트남에서 오래된 대중가요의 대명사가 되어 버린 트로트(trot)와 볼레로(bolero)가 음악 리듬인 동시에 사교댄스 장르였다는 점은 매우 흥미롭다. 이 두 음악은 팝이라고 불리기에는 그다지 '영'하지 않다.

두 번째는 청년 취향의 대중음악 전반이 아닌 장르 음악과 구분되는 '장르 아닌 장르'를 가리키는 말로 팝 음악을 사용하는 경향이 1960년대 중반 이후 출현했다는 점이다. 재즈·블루스·컨트리·포크·소울·록 등 여러 장르 음악 중에서도 특히 선명하게 팝과 선을 그으려 했던 것은 록이다. 상업적 성격을 띠는 팝과 달리 록을 '진정한 예술(authentic art)'로 보는 이분법은 20세기 후반 미국 평단에서 흔히 나타나며, 학술 연구자들에게도 그런 경향이 있다. 이럴 경우 록 음악은 너무나 포괄적이라, 미국 대중음악 대부분이 록에 속할 정도였다.[9] 실제로 '팝은 싱글 레코드, 록은 앨범 레코드', '팝은 AM 라디오, 록은 FM 라디오' 같은 각종 이분법을 낳았다. 프리스는 이런 록 이데올로기에 비판적이고, 심지어 펫숍보이스(Pet Shop Boys)의 유로 '팝'과 유투(U2)의 영미 '록'을 비교하면서 전자를 지지하기도 했다.[10] 그렇지만 프리스도 나름대로 팝과 록의 이분법은 일정하게 유지하고 있다. 그의 견해가 미국 평단과 학계의 지배적 견해와 다른 점은 팝을 포괄적으로 정의하는 반면, 록은 특정하게 정의한다는 점 그리고 양자 사이에 위계를 설정하지 않는다는 점이다.

세 번째로 팝 음악은 영어권의 용어일 뿐, 그 외 세계에서는 레코드를 매개로 대중적 성공을 획득한 음악을 팝이라 지칭하지 않았다. 비서양 사회는 물론이고 영어를 제1언어로 쓰지 않는 서양 나라들에서조차 마찬가지였다. 예를 들어 프랑스는 샹송

(chanson), 독일은 슐라거(Schlager)라는 용어를 오랫동안 써 왔는데, 전자는 '노래'고 후자는 '히트'라는 뜻이다. 그러므로 비영어권에서 생산된 음악까지 팝이라 명명한다면, 이는 언어 제국주의라는 비판에서 자유롭지 않다. 만약 영국과 미국이 아니라 프랑스나 독일이 세계 패권을 차지했더라면 대중음악 용어는 많이 달라졌을 것이다.

이런 문제들을 인식하면서 나름대로 해답을 제시한 여러 학자 가운데, 이스라엘 음악사회학자인 모티 레게브(Motti Regev)의 개념과 이론은 토론해 볼 만한 가치가 충분하다. 그는 '팝-록(pop-rock)'이라는 범주를 채택하면서 이를 대중음악과 구분한다.[11] 기호학적 체계(semiotic system)라든가 창작의 실천(creative practices) 같은 그가 사용하는 복잡한 개념을 논의하지 않더라도, 그가 말하는 팝-록이 로큰롤 이전 빅 밴드나 전통적 대중음악 및 그 계승자를 가리키지 않음은 분명하다. 다른 시기에 활동한 빙 크로스비(Bing Crosby)나 바브라 스트라이샌드(Barbra Streisand) 같은 유명 가수들도 그가 얘기하는 팝-록에 들어가지 않는다.

모티 레게브는 '대중음악의 팝-록화(化)' 과정을 다음과 같이 개념화했다. 팝-록에서는 록 미학(rock aesthetics)이 중요한데, 이는 록 이데올로기, 즉 록과 팝을 구분하는 이분법과는 다르다. 그가 말하는 록 미학이란 "전기·전자적 음향 텍스처(texture), 증폭, 정교한 스튜디오 기술(craftsmanship), 훈련받지 않은 자연 발생적 목소리 전달 테크닉" 등에 기초한 음악 만들기 실천의 집합이다.[12] 록 미학의 결정체는 스튜디오에서 복잡한 전기·전자 장비를 활용해 섬세하게 작업한 결과물인 레코드다. 누군가 대중음악의 '명반'이나 '정전(正典, canon)'이라는 말을 익숙하게 여긴다면, 록 미학을 머리로는 정의하지 못한다 해도 몸으로는 그 미학을 수용하고 있다는 뜻이다.

록 미학에서 또 하나 그가 강조하는 것은 "어떤 음악 스타일에도 이런 실천을 적용하는 절충적 논리"다.[13] 이는 한국인이 듣기에 록이라 부르기 힘든 스타일도 록으로 포괄하는 미국 평론가들의 실천에서 잘 드러난다. 록과 다른 장르를 버무려 만든 하위 장르는 최소 아홉 가지나 된다.[14] 팝이나 '월드 뮤직'에도 록의 전기·전자적 음향 텍스처와 여러 스타일을 혼합하는 절충적 논리가 적용된 경우가 그렇지 않은 것보다 많다. 2022년에 콜드플레이(Coldpaly)와 BTS가 '콜라보'를 한 일이 레게브의 통찰력을 증명하는 최근 사례다. 2010년대 초까지만 해도 영국 록 밴드는 예술적 진정성의 화신이고 한국의 아이돌 그룹은 상업적 팝의 화신이라는 음악산업계의 인식으로 인해 양자가 협업한다는 것은 상상하기 힘들었을 것이다.

팝-록 및 팝-록화에 관한 모티 레게브의 이론은 '에스노내셔

널 팝-록' 분석[15]으로 이어졌고, 이들 음악의 문화적 독특함이 미학적 코즈모폴리턴주의와 양립할 수 있다는 점이 강조되었다.[16] 여기서 그는 북아메리카나 서유럽이 아니라 남아메리카의 아르헨티나와 중동의 이스라엘을 예로 들었다. 두 나라에서는 록 미학의 코즈모폴리턴주의 이상을 가지면서 스페인어와 히브리어라는 비영어 가사로 팝-록이 창작되었다. 또한 국제적 감각과 수준을 갖춘 동시에, 민족적 자부심을 느낄 수 있고 젊은 세대가 열광적으로 환호하는 대중음악을 만들어 냈다.

팝-록(화) 개념과 이론이 아르헨티나와 이스라엘에서는 큰 무리 없이 적용되는 듯하다. 그러나 문제가 있다면, 두 나라 모두 이른바 록의 시대에 냉전 서방에 속해 있었음은 물론, 문화적으로 서방에 속하려는 확고한 전통 및 지향이 있었다는 점이다. 또한 양국 모두 1960년대 전반까지는 1인당 GDP가 일본보다 높았고 이러한 경제적 풍요가 음악 산업과 청년 시장을 지탱하기도 했다.[17] 그 뒤 경제가 쇠퇴하기는 했지만, 지금까지도 아르헨티나는 스페인어 사용권에서 팝 음악의 종주국이고, 이스라엘은 유럽 대중음악계의 일원이 되어 가끔 유로비전 송 콘테스트(Eurovision Song Contest)에서 그랑프리를 차지하곤 한다. 달리 말하면 아르헨티나와 이스라엘은 비서양권 가운데 사실상 예외에 속한다. 그가 말한 코즈모폴리턴주의도 세계 각지에서 불균등하게 향유되었다고 할 수 있다.

모티 레게브의 개념과 이론에 또 다른 각도에서도 불만이 있을 수 있다. 팝과 록에 관한 논쟁 자체가 1990~2000년대 국제 학계에서 전개되었으므로, 2010년대 이후 동아시아 청년 세대, 특히 여성 음악 팬은 '록 미학'이 과연 그 정도로 중요한지에 관해 의문이 있을 법하다. 록 음악이 대중음악의 주류로 확고하게 자리 잡았다고 보기 힘든 많은 나라에서는 팝-록이라는 용어 자체가 그다지 친숙하게 느껴지지 않는다. 팝과 록의 이분법이 개념적·이론적으로 문제가 많다고 해도 음악 산업에서는 여전히 그렇게 구분하며, '팝 음악의 주요 청중은 여성, 록 음악의 주요 청중은 남성' 같은 인식 혹은 편견이 관습으로 계속 작동해 왔다. 용어는 바뀌었을지언정 성별에 따른 취향 구분은 지금도 여전하다.

이는 단지 세대와 성별이라는 사회 문화적 차이에 따른 취향 문제에 그치지 않는다. 1980년대에 싹을 틔워 1990년대에 상업적 잠재력을 보여 주고 2000년대 이후에 대중음악 전반에 광범한 영향력을 미친 힙합과 일렉트로니카는, 디지털 테크놀로지와 결합하여 이전 시대와 단절한 듯한 음악적 실천을 낳고 있다. 그것을 팝-록이라고 부를 수 있을지는 의문이다. 디지털 테크놀로지가 전기·전자 테크놀로지가 진화한 결과이기는 하지만, 연속성 못지않게 불연속성 또한 가지고 있다. 간단히 말해서, 20세기 마지막 30년 동안 했던 아날로그 방식 음악 만들기와 21세기에 접어들어 20여 년 해 온 음악 만들기가 얼마나 차이가 큰지 평가하는 문제가 남는다.

아주 실용적인 문제도 있다. 영어 단어가 익숙하거나 그 어감을 어느 정도 이해하는 문화권에서는 'pop-rock'의 의미가 눈에 쏙 들어올지 모른다. 그렇지만 이 글을 쓰면서도 '팝-록'이라는 말이 어색하고, 독자들이 어떻게 이해할지 걱정하게 된다. 특히 중간에 붙은 줄표, 즉 하이픈(hyphen)은 서양 언어에 익숙한 사람이 아니면 그 의미를 직관적으로 이해하기 어렵다. 이 기호에 어떤 의미가 있다면 설명이 필요하며, 만약 별 의미가 없다면 기호를 붙일 필요도 없다. 그렇다고 'pop-rock'을 하이픈 없이 '팝록'이라고 써도 이상하다.

이런 여러 논점에 관해서는 대중음악을 오래 듣고 관련 담론을 많이 접한 사람들을 비롯하여 해외 유수한 학자들조차 서로 생각이 천차만별이라 논쟁이 벌어지기도 하므로, 섣불리 여기에서 해답을 제시할 수는 없을 듯하다.

다만 글쓴이들과 생각이 가장 가까운 영국 대중음악 학자 키스 니거스(Keith Negus)의 견해를 소개하고자 한다. 그는 저서《대중음악이론》의 제5장 제목 '역사'를 'histories'라는 복수형으로 썼다. 그러면서 특정 음악 장르에 관한 보편주의적 설명과 특수주의적 설명을 모두 비판했다.[18] 앞서 예로 든 대중음악학 대가들의 설명은 보편주의나 특수주의라고 못 박을 정도로 허술하지는 않지만, 둘 가운데 한쪽에 가깝다고 말할 수는 있다. 예를 들어 록에 관한 설명에서 프리스는 특정적이고 레게브는 포괄적이다. 반대로 팝에 관한 설명에서 프리스는 1930년대까지 확장하는 반면 레게브는 1960년대 이후로 한정했다.

니거스가 위 글 마지막에서 강조한 말은 그래서 인용할 만한 가치가 있다. "'록의 시대'에서 중요한 해들이 많은 이에게는 레게·포크·재즈·컨트리·살사·블루스·펑크-소울·디스코·엔카·영화 사운드트랙으로 채워졌다"[19]라는 지적이다. 한 음악 장르가 한 시기를 다 '채우는(fill)' 것이 아니라는 그의 통찰은, '○○의 시대'라는 이름이 과장일 뿐만 아니라 특정한 주체가 특정한 권력으로 만들어 낸 담론일 수 있다는 의심을 품게 만든다. 그래서 니거스는 록이든, 랩이든, 살사든 "죽은 것이 아니라 지리적으로 이동하고 있다"[20]라고 했다. 다시 말해, 하나의 장르에 하나의 역사만 있는 게 아니라는 주장이다.

록의 시대라고 잘못 불린 시대를 채웠던 여러 음악 가운데 엔카(演歌)가 포함되어 있는 사실은 흥미롭다. 비서양 또는 아시아의 음악 장르로는 유일하다. 1960~1980년대 일본에서는 사실

영미 팝과 록의 어법과 미학에 기초해 일본어 가사로 창작된 작품이 풍성했다. 그러니 니거스가 그와 같이 썼다고 해서 일본 사람들이 록의 시대에 록보다 엔카를 더 많이 들었다고 생각할 필요는 없다. 적어도 1970년대 이후 청년 세대들에게 엔카는 유행에 뒤떨어진 음악이었다. 그렇다 해도 엔카는 20세기 말까지도 일본 대중음악계와 음악 산업에서 일정한 지분을 차지했고 결코 비주류가 아니었다.

엔카가 음악 장르로 특정된 때는 빨라도 1960년대고, 1920년대 이전에 존재했던 엔카는 이름만 같을 뿐 성격은 전혀 다른 음악이었다. 그렇지만 후대 엔카 범주에 포함되는 곡들이 1930년대 이후 대량으로 생산되고 소비되었던 것은 맞다. 다만 그런 곡들은 당대에 엔카가 아니라 류코카나 가요쿄쿠로 불렸다. 일본 사람들은 이런 음악을 '일본 팝(스)'이나 'Japanese pop(s)'으로 부르지 않았는데, 그것이 팝의 자격에 미달한다고 생각한 듯하다. 영어 가사가 아니고 음악 어법이 팝과 달리 독특한 데다 청년 세대의 열광이 두드러지지도 않았기 때문이다. 서양에서는 하루살이 같다고 조롱을 받기도 하는 팝이 어쩌다 이렇게 자격 심사를 내걸 정도로 위세를 떨치게 된 걸까. 아마도 동아시아라는 환경 조건 때문일 것이다.

동아시아 팝, 혹은 아시안 팝, 줄여서 아(亞)pop

서양 음악 혹은 양악이 아니라고 인식된 동아시아 음악 가운데 일부를 팝 음악이라고 부르는 실천은 20세기 말에 본격적으로 등장했다. 사진에서 위 왼쪽은 일본 잡지 《아시안 팝스 매거진(Asian Pops Magazine)》이다. 위 오른쪽은 싱가포르 헤드쿼터에서 대만인 호스트의 진행으로 아시아와 오세아니아 여러 국가에 송출하는 '카운트다운' 라디오 프로그램 〈아시아 팝 40(Asia Pop 40)〉이다. 아래는 한국 케이블방송 엠넷(Mnet)에서 운영하는 〈엠넷 아시안 뮤직 어워즈(Mnet Asian Music Awards, MAMA)〉라는 시상 프로그램이다.

아시안 팝스, 아시아 팝, 아시안 뮤직 등 표기는 조금씩 달라도 이를 아시안 팝(Asian pop) 범주로 포괄하는 데 큰 이의는 없을 것이다. 매우 이질적이었던 아시아와 팝은 이제 원만하게 결합했고, 이러한 모습은 전혀 생경하지 않다. 다만 한 가지 짚고 넘어갈 점이 있다면, 잡지·라디오·시상식 모두 로마자로 표기되어 있어도 별다른 문제가 되지 않는다는 사실이다. 영어나 로마자 사용에 불만을 나타내는 동아시아인은 이제 소수자나 주변인이 된 것만 같다.

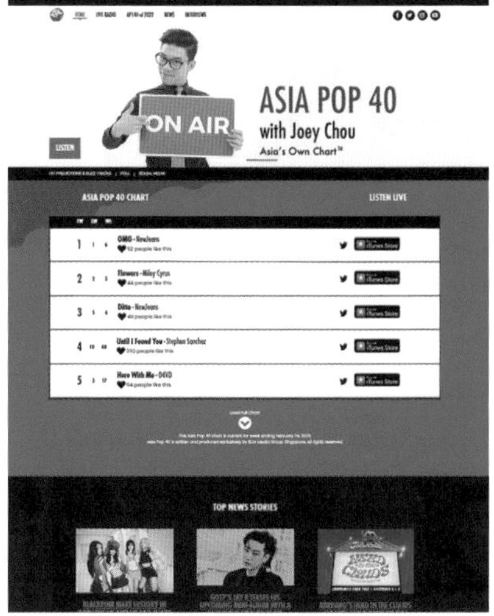

MAMA

2022 MAMA History

2022 2021 2020 2019 2018 2017 2016 2015 2014 >

About Photos Winners

MAMA AWARDS

The MAMA AWARDS was first held in 1999 as the Mnet Music Video Festival, which became the Mnet KM Music Video Festival in 2004, the Mnet KM Music Festival in 2006, and its evolution into the Mnet ASIAN MUSIC AWARDS (MAMA) in 2009 announced the arrival of a music awards celebration dedicated to Asia. Reflecting this focus, since 2010 this annual celebration is held across Asia with Macau kicking it off, followed by Singapore, and Hong Kong, establishing itself as a global name for recognizing K-POP achievements. 2017 and 2018 saw the awards show take place simultaneously across three regions in Asia as the MAMA Week. Always embracing change, in 2020 K-POP's biggest night transformed into a metaverse awards ceremony.

Over the past 23 years, <MAMA>, which has grown up with K-POP is now ready for the next phase of its evolution. Perfectly timed with K-POP's rise to even greater world prominence in 2022, the more global perspective of the MAMA AWARDS as World's No.1 K-POP Awards will continue telling the story of K-POP, the story of how timeless artistic vision and universal values always prevail.

2022 2021 2020 2019 2018 2017 2016 2015 2014 >

About Photos Winners

왼쪽에서 오른쪽으로《아시안 팝스 매거진(Asian Pops Magazine)》2023년 3월호, 〈아시아 팝 40(Asia Pop 40)〉 웹사이트, 마마(MAMA) 웹사이트 'History' 페이지(이미지 일부 편집)

아시안 팝으로 범주화되는 음악의 가사는 대부분 영어가 아니다. 일본어·중국어·한국어가 지배적이고, 영어가 섞여 있다 하더라도 진짜 영어는 드물다. 그래서 아시안 팝은 대체로 동아시아 팝을 뜻한다. 동아시아도 아시아의 일부이니, 아시안 팝이라는 범주에 심각한 문제가 있다고는 할 수 없다. 아시안 팝에 동아시아 헤게모니가 확립되어 있다는 점, 달리 말하자면 동아시아를 제외한 아시아 다른 지역에서 아시안 팝이라는 명칭을 잘 사용하지는 않는다는 점은 알아 둘 필요가 있다. 그래서 이 책에서 아시안 팝이라는 용어를 별도 설명 없이 사용한다면, 실질적으로 동아시아 팝을 뜻한다.

21세기에 동아시아와 팝이 이렇게 밀착하게 된 것은 놀라운 일이 아니지만, 20세기에 둘의 관계는 어색하고 낯설었다. 그래서 동아시아 팝은 앞서 논한 동아시아 관련 담론들, 특히 역사에 관한 담론과는 크게 관련이 없는 듯하다. 어쩌면 역사의 무거운 짐을 벗어던진 대중음악의 일부가 팝으로 호명되었다고 할 수도 있다.

그렇지만 이런 일반론으로 논의를 끝낼 수는 없다. 그러니 몇 가지 각도에서 동아시아 팝의 형성 배경을 논해 보자. 동아시아 팝을 나름대로 축약하면 아(亞)pop이다. 그냥 장난스럽게 만든 것처럼 보일지도 모르지만, '아팝'이라고 한글로만 표기하면 느낌이 좀 밋밋하다. 亞가 '아시아' 음차의 축약형이고 pop이 팝 음악임을 모르는 한국인은 그렇게 많지 않으리라고 믿는다. 또 한자와 로마자의 결합이야말로 21세기 동아시아를 가장 적절하게 표현하는 듯하니 이제부터는 亞pop으로 계속 써 보려고 한다.

亞pop은 1990년대 이후 한편으로 기술과 산업, 다른 한편으로는 시장과 소비라는 경제 영역에서 확연히 드러난다. 첨단 디지털 테크놀로지 적용으로 합리화되고 선진화된 산업 시스템을 통해 亞pop이 제작되고 있으므로, 영미 팝을 비롯한 서양 팝에 필적하는 수준을 달성했다는 믿음이 형성될 수 있었다. 소비자의 반응 또한 시장 변화에서 확인할 수 있는데, 한국은 적어도 1990년대 이후 음악 시장에서 국내 음악 비중이 국제 음악 비중을 압도하고 있다. 1980년대까지 영미 팝이 시장 절반 이상을 차지했던 상황과는 완전히 달라졌다.

여기에 그치지 않는다. 2020년 음악 시장을 조사한 국제음반산업협회(IFPI)의 《글로벌 음악 보고서 2021》에 따르면, 시장 규모 상위 10개국에 일본(2위), 한국(6위), 중국(7위) 세 나라가 포함되어 있다. 나머지는 유럽 4개국, 북아메리카 2개국, 오세아니아 1개국이며, 더 자세한 내용은 그림에서 확인할 수 있다. 놀라운 것은 아티스트별 순위다. 디지털 싱글, 모든 앨범, 피지컬 앨범으로 구분된 차트에서 한국의 BTS는 세 부문 모두, 일본의 요네즈

GLOBAL TOP 10 DIGITAL SINGLE CHART 2020

	ARTIST & TRACK NAME	GLOBAL CONVERTED SSE
01	The Weeknd Blinding Lights	2.72BN
02	Tones and I Dance Monkey	2.34BN
03	Roddy Ricch The Box	1.67BN
04	SAINt JHN Roses	1.64BN
05	Dua Lipa Don't Start Now	1.62BN
06	Future (feat. Drake) Life Is Good	1.57BN
07	Xiao Zhan Made To Love	1.48BN
08	DaBaby (feat. Roddy Ricch) ROCKSTAR	1.45BN
09	Billie Eilish bad guy	1.36BN
10	BTS Dynamite	1.28BN

(SOURCE: IFPI)

GLOBAL TOP 10 ALBUM ALL-FORMAT CHART 2020

	ARTIST & ALBUM NAME
01	BTS MAP OF THE SOUL : 7
02	The Weeknd After Hours
03	BILLIE EILISH WHEN WE ALL FALL ASLEEP, WHERE DO WE GO?
04	BTS BE (Deluxe Edition)
05	Harry Styles Fine Line
06	Post Malone Hollywood's Bleeding
07	Kenshi Yonezu STRAY SHEEP
08	Justin Bieber Changes
09	Taylor Swift folklore
10	Dua Lipa Future Nostalgia

(SOURCE: IFPI)

GLOBAL TOP 10 ALBUM SALES CHART 2020

	ARTIST & ALBUM NAME	GLOBAL UNITS
01	BTS MAP OF THE SOUL : 7	4.80M
02	BTS BE (Deluxe Edition)	2.69M
03	Kenshi Yonezu STRAY SHEEP	2.54M
04	Taylor Swift folklore	1.99M
05	BLACKPINK THE ALBUM	1.51M
06	AC/DC POWER UP	1.37M
07	Justin Bieber Changes	1.22M
08	BTS MAP OF THE SOUL : 7 - THE JOURNEY -	1.17M
09	ARASHI This is Arashi	1.01M
10	King Gnu CEREMONY	0.99M

(SOURCE: IFPI)

TOP 10 MUSIC MARKETS 2020

01	USA
02	JAPAN
03	UK
04	GERMANY
05	FRANCE
06	SOUTH KOREA
07	CHINA
08	CANADA
09	AUSTRALIA
10	NETHERLANDS

국제음반산업협회 《글로벌 음악 보고서 2021(Global Music Report 2021)》에 나온 두 가지 톱 10 차트

켄시(米津玄師)는 앨범 부문, 중국의 샤오잔(肖戰)은 디지털 싱글 부문에 이름을 올렸다. 피지컬 앨범 부문에는 BTS와 요네즈 켄시에 더해 한국의 블랙핑크, 일본의 아라시(嵐)와 킹 누(King Gnu)도 이름을 올렸으니, 톱 텐 가운데 일곱 자리가 亞pop으로 채워져 있다. 이처럼 亞pop은 국내 시장뿐만 아니라 해외 시장에서도 경쟁력을 갖추게 되었다. 20세기에는 아무리 뛰어난 한국 가요라도 내수용에 머물렀지만, 21세기에는 신통치 않은 K-pop도 수출용이 된다.

한 가지 더 주목할 사실은 K-pop의 해외 시장 가운데 압도적 비중을 차지하는 곳이 인근 아시아 국가들이라는 점이다. 2020년 현재 K-pop 수출액 6.79억 달러 가운데 동아시아 시장은 4.35억 달러, 여기에 동남아시아까지 더하면 5.57억 달러로, 각각 64퍼센트와 82퍼센트에 이른다. 21세기 동아시아 대중음악은 이른바 인터아시아 팝(inter-Asia pop)이 되었다고도 할 수 있다. 20세기까지 자국 대중음악을 시시하게 보고, 그나마 앞서 있다는 일본 대중음악마저도 서양보다 한 수 아래로 보았던 것에 비하면 엄청난 변화다. 물론 통계란 숫자 이상도 이하도 아니므로 맹신해서는 안 되지만, 세계 음악 산업에서 일어나는 지각 변동을 그저 무시할 수는 없다.

그런데 亞pop에 관해 서술한 사실이나 논조에서 아직도 타자의 시선을 의식한다고 느낄 수도 있다. 아무 수식어 없이 'pop'이라고 쓰면 영미 팝 음악을 의미하는 반면, '亞pop'은 亞라는 수식어를 붙여야 하기 때문이다. 앞으로 수년 동안 BTS나 요네즈 켄시, 샤오잔 등이 현재 수준과 같은 글로벌 성공을 유지한다면 '그냥 pop'의 대열에 합류할 수 있을지 모르지만, 아직은 그렇지 않다는 시선이 있다.

그렇지만 이런 인식에도 서서히 변화가 생기고 있다. 그 변화 가운데 하나는 과거 서양 대중음악보다 수준이 낮다고 평가되었던 자국 대중음악의 과거를 재조명하는 작업이 동아시아 각지에서 활발하게 진행되고 있다는 점이다. 서양 연구자나 평론가들이 아시아 대중음악에 관해 영문으로 쓴 저작에서 pop이라는 용어를 사용한 것은 이미 오래된 일이다. 또한 동아시아인이 동아시아 언어로 저술한 저작에서도 자국 음악을 pop으로 재정의하고 있다는 점이 주목할 만하다. J-pop과 K-pop 사례에서 보면, 처음에는 자국 대중음악 가운데 일부를 지칭하던 용어였으나, 점차 포괄적인 '우산 용어(umbrella term)'로 진화하고 있음을 알 수 있다.

이를 좀 더 살피기 위해 두 가지 저작을 소개하는데, 하나는 1999년에 발간된 다케 히데키(田家秀樹)의 《J-pop 읽기 1945-1999》[21]고, 다른 하나는 2012년에 발간된 김학선의 《K·pop 세

왼쪽은 다케 히데키 책의 초판본인데, 2004년에 다루는 시기를 5년 늘린 재판본도 나왔다. 오른쪽은 김학선의 책으로, 2012년에 문화체육관광부 우수 교양도서로 선정되었다.

계를 홀리다》[22]다. 누가 왜 어떤 의미로 J-pop이나 K-pop이라는 용어를 사용했는지에 관한 세세한 고찰을 건너뛰고 본다면, J-pop은 대체로 1980년대 말, K-pop은 1990년대 말에 각각 사용되기 시작했다. 다루는 시기에 다소 차이가 있다는 점을 제외하면, 두 저서 모두 과거에 생산되고 소비된 대중음악도 새로운 용어 산하(傘下)로 포괄한다는 점에서 흥미롭다. 즉 J-pop과 K-pop을 우산 용어로 사용한 셈인데, 이 책에서는 그런 견해에 찬성하지 않는다.

진화는 여기서 그치지 않았다. J-pop과 K-pop 표기는 어질어질할 정도로 다양해졌다. 하이픈이 있고 없고 차이, 대문자인지 아닌지 차이는 차라리 사소하다. 일본과 한국에서 J-pop과 K-pop의 준(準)공식 표기, 즉 '권위 있는' 출판물에서 선호하는 표기는 로마자 표기가 아니라 'Jポップ(제이폿푸)'와 '케이팝'이다. 'ジェイ-ポップ'와 'K팝'도 때로 허용된다. 이렇듯 혼란스러운 표기 방식 가운데에서도 명확하게 알 수 있는 사실은 로마자 대신 자국 문자를 많이 사용하는 점 그리고 동아시아 언어에는 없는 하이픈을 삭제한 점이다.

J-pop이 절정을 구가하던 2005년에 간행된 《제이팝이란 무엇인가: 거대화하는 음악 산업(Jポップとは何か: 巨大化する音楽産業)》에서는 표기가 이미 Jポップ로 바뀌었다. 저자인 우가야 히로미치(烏賀陽弘道)는 12년 지난 2017년 선정적 제목을 붙인 저서 《J-pop은 죽었다('Jポップ'は死んだ)》에서도 Jポップ 표기를 유지하고 있다. 주목해야 할 사실은 우가야 히로미치는 다케 히데키와 달리 J-pop의 시대를 주로 1990년대 이후로 한정한다는 점이다. 1946년생인 다케 히데키와 1963년생인 우가야 히로미치의 세대 차이가 서로 다른 견해에 영향을 주었는지, 만약 그렇다면 그에 따른 결과가 어떤지 연구해 볼 만한 주제다.

우가야 히로미치와 동년배인 한국 연구자 신현준이 후배 평

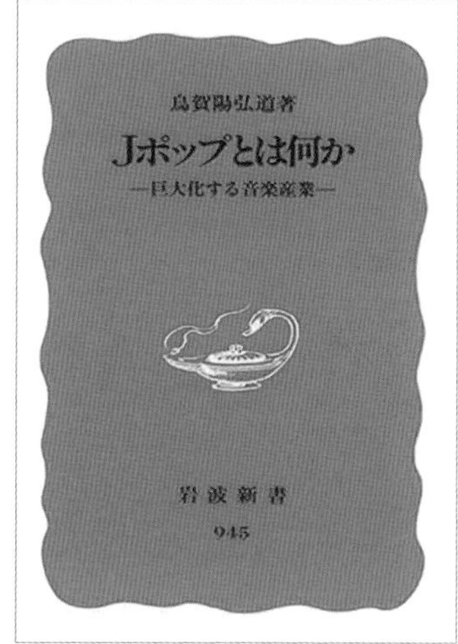

신현준·최지선·김학선, 《한국 팝의 고고학》(전 4권), 을유문화사, 2005/2022
烏賀陽弘道, 《Jポップとは何か: 巨大化する音楽産業》, 岩波書店, 2005
신현준, 《가요, 케이팝 그리고 그 너머》, 돌베개, 2013
烏賀陽弘道, 《'Jポップ'は死んだ》, 扶桑社, 2017

론가들과 함께 1945년 이후 한국 대중음악 역사를 기술한 책에서 K-pop이나 한국 가요가 아니라 '한국 팝'이라고 쓴 것은, 그 점에서 비교할 만한 가치가 있다. 1990년대에서 내용이 마무리되었으므로 K-pop 이전을 다루고 있는 셈인데, 한국 팝이라는 용어가 평단·업계·학계에서 아직 널리 사용되고 있지는 않다. 한국 대중음악의 역사적·현재적 장르들을 사례로 들어 이론적으로 서술한 신현준의 다른 저서《가요, 케이팝, 그리고 그 너머》(2013)에서도 케이팝과 가요를 구분한다. 이 구분을 선명히 하기 위해 K-pop이라는 로마자 표기를 쓰려고 했지만, 결국 출판사의 편집 원칙에 따를 수밖에 없었다.

지금까지 거론한 몇 가지 저작들을 근거로, 亞팝의 로마자 표기는 1980년대 이전으로 소급하는 경향이 있고, 아시아 문자 표기는 1990년대 이후로 시대를 특정한다고 결론 내리는 것은 성급하다. 더 중요한 문제는 표기 문제를 넘어서는 상반된 두 가지 시각이 존재했고, 지금도 존재한다는 사실이다. 영미 록과 팝을 바라보는 보편주의와 특수주의에 관한 니거스의 비판적 평가를 떠올려 보면, 亞pop에도 그에 상응하는 서로 다른 시각이 있다고 할 수 있다. 하나는 아시아 대중음악의 역사적 장르와 스타일 전체를 亞pop으로 포괄하는 넉넉한 감성, 다른 하나는 냉전 이후 글로벌화와 디지털화라는 변화의 산물만 亞팝으로 보고 싶은 꼼꼼한 논리를 각각 보여 준다. 다만 그런 시각들이 이론적으로는 썩 정교하지 않고 그에 관한 치열한 논쟁도 별반 없다는 점에서, 동아시아 학계 및 평단의 태도는 아무래도 서양과 좀 다른 듯하다.

어떤 견해를 채택하든, 혹은 그 사이 중용적 견해를 채택하든 1945년부터 1989년까지 동아시아에서 만들어진 대중음악을 팝으로 부르는 시도는 앞으로 늘면 늘었지, 줄지는 않을 것이다. 그 이유 가운데 하나는 영미 팝 어법 학습을 바탕으로 이를 자국어 가사와 결합해 창작하는 특징이 1990년대 이전에도 기본적으로 존재했기 때문이다. 1945년 이후 일본에서 한때 '와세이 팝스(和製ポップス)'라는 용어가 사용되었다가 가요쿄쿠에 흡수된 사실은 이 논리에 힘을 보탠다. 과거 한국에서 주한 미군 대상으로 팝송을 부르던 가수들이 내국인 청중 대상으로 한국어 가요를 불렀을 때도 이들을 '팝 싱거'라고 불렀다.

그래서 1945년부터 1989년까지 동아시아에서 생산되고 향유된 대중음악을 팝이라는 범주 아래 포괄해야 하는지는 일단 결론을 내리지 않는 게 나을 듯하다. 한국 팝이라는 개념도 하나의 견해지 확정적 결론은 아니다. 정의·분류·범주화는 매우 까다로운 일이지만, 동아시아 대중음악에 관해 글을 쓰면서 이런 어려움에 직면하는 일을 피할 수는 없다. 동아시아 대중음악에 관한 수요가 커졌고, 동아시아 외부에서도 인지도가 높아졌다. 그런 역사적 전개에 따라 동아시아 대중음악의 영향력이 안팎으로 상당 수준에 이르렀으므로, 그저 담론 과잉은 아니라는 뜻이다.

몇 가지 살펴봐야 할 사안이 남아 있는데, 하나는 'J-pop과 K-pop이 도대체 무엇이냐?'는 질문이 대중음악사 전체에 관한 시각 변화를 유도한 한국이나 일본과 달리, 중국·대만·홍콩 등 중화권에서는 그런 질문이 제기되지 않았다는 점이다. 중문 위키피디아에서는 J-pop을 '일본 유행음악(日本流行音樂)', K-pop을 '한국 유행음악(韓國流行音樂)'으로 쓰고 있다. 한자를 일상에서 사용하는 사람들에게는 pop이 '유행'으로 번역, 즉 의역된다. 그런데 유행은 일시적 가치만 있는 오락일 뿐이므로 지속적 가치를 지닌 예술과 대립한다는 인식도 여전히 존재한다. 그렇다면 예술의 한 갈래인 음악에 유행이란 말을 붙여 팝이라고 이르게 된 때는 언제부터였을까?

다른 하나는 1945년 이후 미국 또는 영미 대중음악의 압도적 영향을 인정한다고 해도, 1945년 이전에는 그 영향이 상대적으로 약했으리라고 상상된다는 점이다. 동아시아 대중음악의 본격적 형성과 발전 시기가 1920년대 후반부터 1930년대라는 사실을 고려한다면, 동아시아 초기 대중음악은 구미에서 직접적으로 영향을 받았다기보다는 일본 등에서 간접적 영향을 받았다고 보는 것이 합리적이다. 그렇다면 1945년 이전에 형성된 동아시아 대중음악인 일본의 엔카, 한국의 트로트, 베트남의 볼레로 등은 '팝'으로 의역됨이 정당할까?

세 번째는 동아시아 대중음악에서는 가수의 노래를 매우 중요하게 여긴다는 점이다. 이는 일단 1945~1989년 시기에 동아시아 각지에서 주류 대중음악을 불렀던 명칭에서도 잘 드러난다. 일본의 '가요쿄쿠', 한국의 '가요', 중국·대만의 '거춰', 베트남의 '까쿡(ca khúc)'은 한자 표기에서 공통점을 쉽게 찾을 수 있다. 각각 '가요곡(歌謠曲)', '가요(歌謠)', '가곡(歌曲)', '가곡(歌曲)'이다. 첫음절에는 가(歌)가 공통적으로 있고, 한국에서는 요(謠), 중국과 베트남에서는 곡(曲), 일본에서는 둘 다 추가했다. 그 앞에 '유행'이나 '대중'이라는 단어를 붙이면 유행가곡이나 대중가요가 되며, 이는 동아시아에서 실제 사용한 말이다. 이를 영어로 의역하면 'popular song'이나 'pop song'이 된다. 그런데 서양에서는 이후 'song'을 덜어 낸 반면, 동아시아에서는 '대중'과 '유행'을 생략했다.

그러고 보면 '동아시아인만 노래를 좋아하느냐?'는 질문이 당연히 제기될 법하다. 일본에서 발명된 뒤 동아시아 전역에서 거대한 산업을 만들어 낸 가라오케 또는 노래방 기기를 떠올려 보면, 동아시아인이 노래 부르기를 좋아한다는 이야기를 그냥 속설로만 둘 수는 없을 듯하다.

따라서 동아시아 팝 음악을 살펴보기 위해 노래에 관한 논의로 출발하고자 하며, 이를 위해 세 가지 논점을 확인해 둘 필요가 있다.

첫째, 대중가요라는 용어는 한국뿐만 아니라 중국과 일본에서도 사용하는 줄 알았는데 그렇지 않았다. 중국은 '대중'이 아니라 '유행', '가요'가 아니라 '가곡'을 각각 채택해서 유행가곡이라고 범주화했다. '대중'이라는 표현을 꺼리는 듯한 일본은 '가요곡'이라는 용어를 채택했다. 베트남에는 한자에서 온 '까쿡' 외에 일상적으로 좀 더 친근한 '바이핫(bài hát)'이라는 표현이 있다. 이 역시 '배창(俳唱)'이라는 한자에 기원이 있기는 하다. 몽골에서는 '두(дуу)'라는 말이 있는데, 한국의 '노래'나 일본의 '우타(うた)'처럼 널리 쓰인다. 대중가요에 해당하는 단어는 '니틴두(нийтийн дуу)'인데, 니틴의 뜻은 '공중(公衆)'에 가깝다. 그러니 '대중가요' 혹은 줄여서 '가요'라는 용어를 대중음악의 실질적 동의어로 오랫동안 사용한 나라는 동아시아에서 한국이 유일하다.

둘째, 대중음악 관련 용어법을 살펴보면, '대중'에 해당하는 동아시아 언어들의 표현 역시 천차만별이다. 중국인들은 '유행'이

'popular'와 'pop' 모두의 정확한 번역어라고 만족하는 경향이 있다. 한국에서 대중음악이라고 부르는 실체는 중국에서 '유행음악'이라고 불린다. 반면 의역보다 자역(字譯)을 선호하는 일본에서는 'popular'를 'ポピュラ-'라고 쓰고 '포퓨라'로 발음한다. 일본에서 '포퓨라온가쿠(ポピュラ-音樂)'는 한국의 대중음악, 중국의 유행음악과 거의 같은 뜻이다. 베트남에서는 '냑다이쭝(nhạc đại chúng)'이라는 용어가 많이 사용되는데, 해당 한자를 그대로 쓰면 '악대중(樂大衆)'이다. 한국과 베트남의 표현이 가장 가까운 셈이다. 몽골은 '니틴 회그짐(нийтийн хөгжим)'을 가장 많이 사용하는데, '회그짐'은 음악이고 '니틴'의 뜻은 앞서 말했듯 공중이다.

세 번째로 확인할 것은 팝 음악이다. 중국에서는 대중음악과 팝 음악 구분 없이 유행음악이라고 한다. 그렇게 구분하지 않는 데에 어떤 장단점이 있는지 주목할 필요가 있다. 이와 대조적으로 로마자를 사용하게 된 베트남과 키릴 문자를 사용하게 된 몽골은 팝이라는 표현을 그냥 차용했다. 냑폽(nhạc pop)과 폽회그짐(поп хөгжим)인데, 일상에서도 그냥 pop이나 поп을 사용하면 충분히 소통할 수 있다. 한국과 일본은 자국 문자를 사용해 팝과 폿푸(ポップ)로 쓰기도 하지만, 영어와 로마자 사용이 확대되면서 그냥 pop이라고 쓰기도 한다. 이제는 pop이라는 로마자 표기

일본에서도 가요곡에서 '곡'을 떼고 가요라는 용어를 사용하기는 한다.
왼쪽은 와지마 유스케(輪島裕介)의《춤추는 쇼와(昭和) 가요: 리듬으로부터 보는 대중음악》,
오른쪽은 무라카미 류(村上龍)의 소설을 바탕으로 만들어진 2003년 영화 〈쇼와 가요 대전집〉 포스터. 1950년대에는 '무드(ムード) 가요'라는 장르도 있었고,
쇼와 가요를 '쇼와 팝스'라고 부르는 경우도 많았다.

를 이해하지 못하는 동아시아인이 거의 없게 된 셈이다.

이러한 내용을 확인한 데는 이유가 있다. 이 책에서 '동아시아에서'라고 쓴 부분은 서양과 아주 크게 구분하여 비교할 때만 쓴 편의적 표현이라는 점을 밝혀 둔다. 큰 무리가 없는 경우에 사용했지만, 일반화에는 어쩔 수 없이 위험이 따른다. 동아시아 내부의 언어적·문화적 차이는 언제나 주의 깊게 존중해야 하며, 대략

비슷하다고 무리하게 공통성을 부여해서는 안 된다. 게다가 그 차이들은 하나의 민족이나 국가 내에서도 역시 존재하므로, 이제까지 말한 국가별 차이 외에 더 많은 차이가 또 다양하게 있다.

모더니티, 대중문화, 대중음악, 팝 음악은 세상을 고르게 만드는 듯하지만, 동아시아 팝 음악에는 여전히 울퉁불퉁한 모습이 남아 있다. 그 모습을 이루는 요소는 노래·가사·언어·문자 등이다. 문자 이야기를 하자면 한자를 빠뜨릴 수 없는데, 2000년 동안 동아시아를 지배해 온 한자의 영향이 이전보다 약화했다고는 해도, 완전히 사라질 리는 없다. 한자는 글자 모양부터가 다종다양한 데다 여기저기 전파되면서 쓰임이 더 많아졌다. '요즘 세상에 무슨 한자 타령?'이라고 생각하는 현대 한국인이 적지 않겠지만, 그에 대해서는 '당신 이름 석 자가 바로 한자'임을 또 거론하지 않을 수 없다.

동아시아 팝, 혹은 팝을 동아시아화하기

동아시아의 노래들: 가(歌) · 요(謠) · 곡(曲)

이 장에서는 동아시아 대중음악을 '동아시아화'하는 작업을 수행해 보고자 한다. 중국이나 대만을 제외한 동아시아에서는 이제 한자보다 로마자가 친숙한 사람이 다수일지도 모른다. 그렇다 하더라도 로마자와 영어가 동아시아 공용 문자와 언어는 아니며, 대부분 동아시아 언어에서는 여전히 한자를 직접 쓰거나 한자 유래 표현을 많이 사용한다. 먼 미래에는 어떨지 몰라도 지금까지 그랬고, 당분간도 그럴 것이다. 그래서 동아시아 대중음악 혹은 亞pop을 '동아시아화 하기'는 뜻밖에 '낯설게 하기'가 될 수 있고, 이를 통해 역설적으로 새로운 관점과 견해가 나올 수도 있다. 동아시아화의 출발은 일종의 한자 놀이일 수밖에 없다.

가(歌)·요(謠)·곡(曲) 세 글자의 중국어와 일본어 발음은 각각

거(gē)·야오(yáo)·취(qū), 카(ka)·요(yō)·쿄쿠(kyoku)다. 중국어 로마자 표기 모음 위 기호는 성조 표시고, 일본어 모음 위 직선은 장음 표시다. '카'와 '쿄쿠'는 경우에 따라 '가'와 '교쿠'로 표기되기도 한다. 여기에서는 프로페셔널한 의미론이 아니라 아마추어적 화용론(話用論)에 바탕해 논의하고자 한다. 글자 자체의 뿌리를 학술적으로 무겁게 탐구하지 않고, 글자가 일상에서 대략 어떤 의미로 사용되는지를 가볍게 살펴본다는 뜻이다.

일단 각 글자에 대응하는 영어 단어가 무엇인지를 살펴보는 일이 역설적으로 동아시아적이다. 일본인 학자들이 쓴 영어 문헌 두 편을 참고해 종합하면, 가·요·곡은 각각 song·ballad·tune에 해당한다. 나가하라 히로무는 '가요'를 "songs and ballads"[23]로, 호소카와 슈헤이(細川周平)는 '음곡(音曲)'을 "sound and tune"[24]으로 옮겼다. 이런 번역어들이 유일하게 올바르다고 생각할 필요는 없다. 다만 일본이 서양 단어를 한자 단어로 번역하는 데 중국보다 앞섰던 점만을 전제해, 세 글자 모두를 '노래'이자 'song'으로 뭉뚱그리지 말자는 제안이다. 분명한 점은 가요가 처음부터 하나의 단어는 아니었다는 사실이다. 그렇게 만들어진 데에는 분명 어떤 과정이 있었다.

가(歌)와 요(謠)부터 알아보자. 대학 교양 국어 수준의 지식을 갖춘 사람이라면 가(歌)·요(謠)·곡(曲) 세 글자가 들어간 두 글자

합성어로 시가(詩歌), 민요(民謠), 별곡(別曲) 등을 쉽게 떠올릴 수 있다. 이 세 가지를 근대 이전의 문화 형식으로서 엄밀하게 범주화하는 작업은 전공 연구자들이 할 일이지만, 각 형식에 관한 특정한 인상은 간단히 말할 수 있다. 가(歌)는 중상층 이상 계급의 문학, 요(謠)는 중하층 이하 계급의 연희와 연관된다는 점이다. 고대 향가(鄕歌)나 조선 시대 가사(歌辭), 민요와 호환될 법한 속요(俗謠)라는 말을 떠올리면 가(歌)와 요(謠)의 뉘앙스 차이는 더 선명해진다. 근대 이후 전자는 시(詩)와 문학으로, 후자는 창(唱)이나 소리로 계보가 이어진다는 점도 시사적이다.

이러한 낱말 풀이는 현재적으로도 의미가 있다. 대중의 인기를 누리고 상업적으로 성공한 대중음악 대부분은 노래 형식이고 여기서 노랫말, 이른바 가사는 보통 생각하는 것보다 훨씬 중요하다. 가(歌)와 요(謠)의 구분 기준 가운데 하나는 그 문학적 성취인데, 간단히 말하면 전자는 문학의 기준에 부합하고 후자는 그 기준에 미달한다. 그래서 몇몇 전문 작사가나 직접 가사를 쓰는 유명 가수들은 한편으로 시인이라는 평을 얻고, 그들의 작품은 시가로 대우받는다. 심지어 어떤 이는 권위 있는 문학상을 수상하기도 했다. 1945년 이전 동아시아 대중음악이 후대 연구자들에 의해 재조명받고 정당화되는 과정에서도 가사의 문학적 퀄리티는 중요하게 작용했다. 1960년대 이후와 달리 당시 작사가 중

상당수는 노랫말 외에 문학 작품을 쓰는 문인이기도 했고, 레코드 회사 문예부(文藝部)에서 일했다.

그와는 달리 2000년대 K-pop 가운데 '훅 송(hook song)'이라는 이름으로 불린 곡들, 예를 들어 슈퍼주니어의 〈Sorry, Sorry〉나 소녀시대의 〈Gee〉 같은 곡은, 한 단어가 여러 번 무의미하게 반복된다는 이유로 '저것도 가사냐?'라는 비난을 듣기도 했다. 그러나 집에서 청소할 때 틀어 놓기 좋은 곡은 그런 훅 송일 수도 있다. 현대에도 나름의 노동요는 필요한 법이다. K-pop만이 아니라 루이스 폰시(Luis Fonsi)의 〈데스파시토(Despacito)〉나 빌리 아일리시(Billie Eilish)의 〈배드 가이(Bad Guy)〉도 중독성 있는 훅 때문에 현대인의 노동요로 적절할 것이다.

요(謠)를 발라드 범주에 넣은 것에 어리둥절할 사람이 꽤 있겠지만, 발라드는 감성적이고 애상적인 팝의 한 스타일이 되기 이전 유럽에 존재했던 민요나 속요를 지칭했다. 단순화의 위험을 무릅쓴다면, 유럽 백인에게 발라드는 북아메리카 흑인의 블루스에 해당한다. 참고로 한자 謠에는 노래 외에 소문이나 풍문이라는 뜻도 있다. 유럽에서 전래되는 발라드나 블루스의 가사에도 시중에 떠도는 소문을 담은 이야기가 많다. 발라드를 담시(譚詩)라고 번역하기도 하는 데에는 그런 이유가 있다. 발라드가 '피아노 반주를 곁들인 서정적 노래'로 정형화된 것은 빨라야 20세기

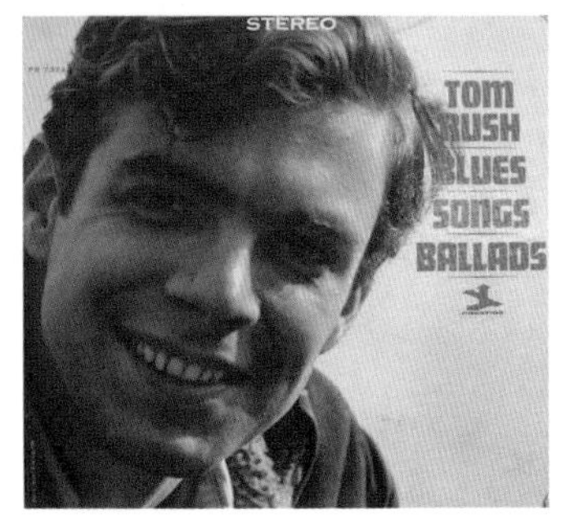

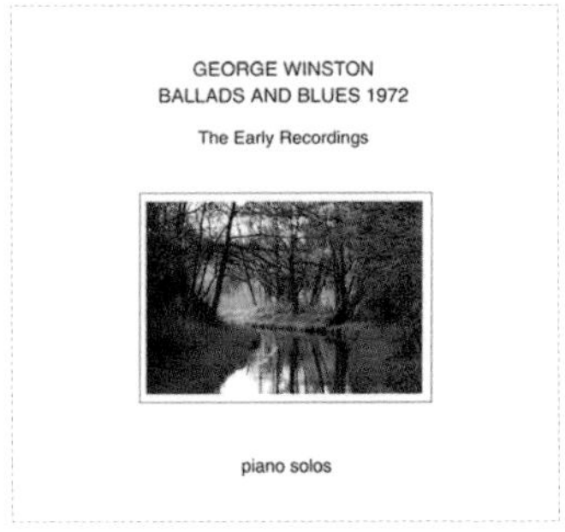

미국 포크 가수 톰 러시(Tom Rush)가 1965년에 발표한 레코드(왼쪽)와 뉴에이지 피아니스트 조지 윈스턴(George Winston)이 1994년에 발표한 레코드(오른쪽)에는 'ballads'와 'blues'가 나란히 등장한다. 톰 러시가 songs · blues · ballads를 구분한 것은 이 책에서 가(歌)와 요(謠) 구분하는 데 영감을 제공했다.
Tom Rush, Blues, 〈Songs & Ballads〉, Prestige PRST 7374, 1965.
George Winston, 〈Ballads And Blues 1972〉,
Dancing Cat Records/Windham Hill 08022 34002-2, 1994.

중반이다.

가(歌)나 요(謠)와 달리 곡(曲)은 가사가 없어도 성립하는, 상대적으로 음악에 가까운 용어라는 인상을 준다. 현대 대중음악 창작에서 선율을 만드는 사람을 작가자나 작요자가 아닌 작곡자라고 부르는 점이 이를 설명해 준다. 일상생활에서도 사람들은 개별 작품이나 그 작품의 작풍(스타일)을 말할 때 '곡'이라는 표현을 자주 쓴다. 장르나 스타일이라는 말이 일반화되기 전 그에 해당하는 한자 표현으로 1930~1940년대 일본과 조선에서 사용한 말이 곡종(曲種)이었다. 지금도 가창 방식, 노래의 기능 등을 표현할 때 다양하게 '곡'이 사용된다. 행진곡·야상곡·진혼곡·소야곡·교향곡 등 서양 고전음악 갈래를 한자로 표현할 때도 말미에 곡을 붙인다. 게다가 곡은 음악을 넘어 극예술에서도 쓰는데 이는 희곡(戱曲)이라는 단어에서 잘 드러난다.

일본에서 가요쿄쿠가 '유행가'와 'J-pop' 사이 40년 넘는 동안 대중음악의 '우산 장르'가 된 이유는 글자 자체에 많은 뜻이 부여되었기 때문이다. 가요쿄쿠가 원래는 독일어 리트(lied)의 번역어로 출발했다든가, 중일전쟁 이후 라디오 방송에서 유행가라는 말이 사라지면서 그 대신 대중가요를 가리키는 말로 뜻이 확장되었다든가, 그래도 1945년까지는 널리 사용되지 않다가 1945년 이후에 일반화되었다든가 등의 설명은 일본 대중음악사를 다룬 거의 모든 책에 지겨울 정도로 등장한다. 한국 가요도 비슷한 과정을 거쳤다. 다만 한국에서 지금도 많이 사용하는 대중가요라는 용어는 일본에서는 사용 빈도가 훨씬 적었고 지금은 거의 자취를 감춘 것 같다.

가·요·곡에 관한 이상의 논의는 사실 편의적이고 도식적이다. 단지 동아시아 대중음악사에서 세 글자의 쓰임새가 어땠는가를 추적하고 상상하면서, 과거의 몇몇 지식을 가져올 뿐이다. 의미는 살아 있는 현재에 만드는 것이지, 죽어 있는 과거에서 그대로 가져오는 것이 아니다.

분명한 점은 가·요·곡이라는 개별 글자, 그리고 이들 가운데 둘 혹은 셋을 합성한 말이 근대 이전 동아시아에서 실제 사용되었다는 사실이다. 그래서 가요 혹은 가요곡이 독일 리트나 프랑스 샹송의 대응어로 근대에 비로소 만들어졌다는 생각은 지나친 평가 절하일 수 있다. 가요곡의 원래 의미는 예술가곡이었는데 유행가요로 변질되었다는 주장도 마찬가지다.

여기서 중국의 용어법을 참고할 필요가 있다. 일본의 가요곡에 해당하는 중국어는 유행가곡이다. 예상할 수 있듯 일상에서는 가곡으로 줄여 쓰는 경우도 많다. 그 점에서 중국어 사용자에게 가곡, 즉 '거취'는 한국의 노래, 일본의 우타, 베트남의 바이핫과 다르지 않다. 예술가곡을 뜻하는 가곡을 왜 저속한 가요에 사용하느냐고 항의한다면, 그것은 지나친 자국 중심주의라고 할 수 있다. 한자 사용을 급격히 줄여 버린 한국에서, 한자를 만들었고 지금도 일상적으로 쓰는 나라의 용례에 시비를 거는 일은 부적절한 듯하다.

중국 용어법에 따르면 모든 노래 형식을 가곡이라는 범주에 포함한다. 예술가곡도 유행가곡도, 민간가곡도 군중가곡도 모두 가곡의 하위 장르다. 이 점은 대만과 홍콩에서도 다르지 않다. 중국이 사회주의를 과격하게 실험하는 과정에서 형성된 사회주의적 군중가곡은 대만과 홍콩에는 잘 알려지지 않았다. 하지만 대만의 국민당 정권이 보급한 애국가곡은 공산당의 군중가곡과 큰 차이가 없다. 대만의 애국가곡에서는 한국의 건전 가요와 비슷하게 명시적이든 암묵적이든 반공이 중요한 주제다. 반제 군중가곡이든 반공 애국가곡이든, 대중음악을 다루는 이 책에서 깊이 살필 대상이 아니다. 대중음악은 진솔하든 가식적이든 개인 혹은 소집단의 정서·감정·사건·경험을 표현하는 문화 형식이고, 국가와 민족이라는 큰 집단의 의제를 의식적으로 표현하지는 않기 때문이다.

중국어권 용어법에는 또 하나 두드러진 특징이 있다. 다름 아닌 유행이라는 단어다. pop이라는 말의 적절한 번역어를 찾지 못하고 음역에 익숙한 한국어나 일본어와 달리, 중국어에서는 유행이라고 의역해 널리 쓴다.[25] 그 결과 거의 자동으로 '유행음악'은 'pop music', '유행가곡'은 'pop song'에 상응하는 범주가 되었다. 영어로 글을 쓰는 데 익숙한 일본 학자들이 일본 유행가/류코카를 'fashionable song'이라고 조심스럽게 말하는 것과 대조적이다. 'fashion'에 상응하는 별도 한자 단어 '시상(時尚)'이 존재하는 중국어에서는, 유행을 pop의 번역어로 쓸 경우 pop과 fashion의 변별이 모호해지는 문제도 해결된다.

유행이라는 의역에 하나 문제가 있다면, 'popular'와 'pop' 사

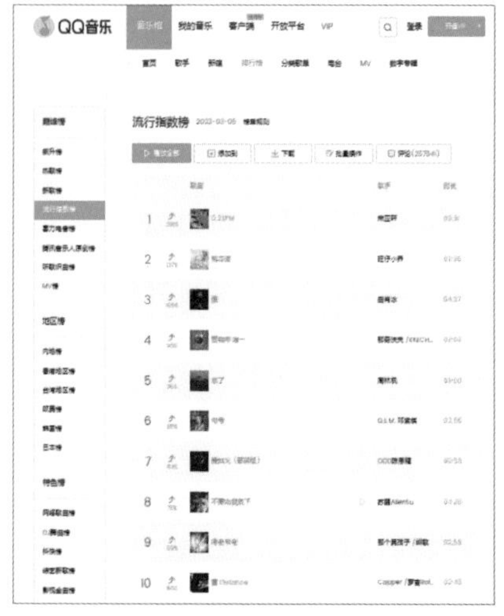

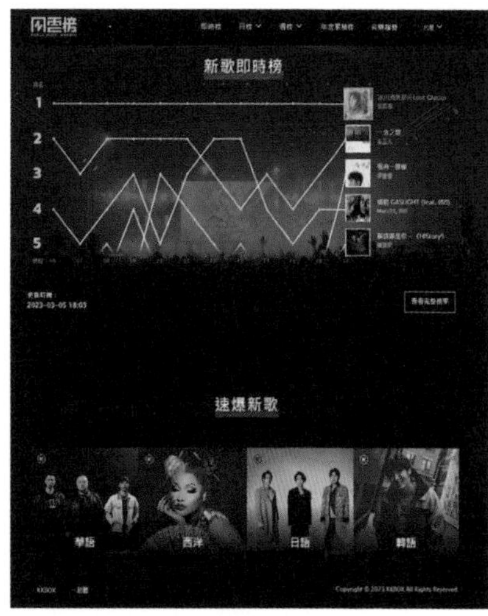

중국에서 가장 큰 음악 플랫폼 QQmusic(왼쪽)과 대만 플랫폼 가운데 가장 큰 KKBox의 차트. QQmusic에서는 한국과 일본, KKBox에서는 일본어와 한국어 차트를 운용하고 있다. 실질적으로 영미에 해당한 범주를 중국에서는 구미, 대만에서는 서양이라고 명명한다.

이에 차이를 두지 않는다는 점이다. 그래서 중국과 체제를 달리 했던 홍콩에서는 한때 팝을 '보푸(波普)'로 음역했는데, 실제로는 '뽀푸' 정도로 발음되는 이 광둥(廣東)식 표기는 1950년대 로큰롤을 지칭하면서 등장했다. 당시 홍콩인은 영국 여권이 있는 사람들이었고, 영국 문화에서 직접 영향을 받았다. 하지만 '보푸'는 이제 '유행'의 과거 표현 중 하나일 뿐이다. 또 '보푸'는 재즈 갈래인 'bop'의 음역으로 사용된 경우도 있어서 혼동이 생기기도 한다.

유행은 당초 pop의 의역이었지만 시간이 지나면서 보편적 표현으로 자리 잡게 되었다. 아무 수식 없이 '유행가곡(流行歌曲)'이라고 쓰면 중국어 대중가요를 뜻하고, 영미 팝은 '서양 유행가곡(西洋流行歌曲)' 혹은 '구미 유행가곡(歐美流行歌曲)'이 된다. 로마자와 영문의 세계에서는 이탤릭체로 '*liuxinggequ*'라고 표기하고 "It literally means fashionable song and can be translated into Chinese pop" 식으로 설명하겠지만, 한자와 중문의 세계에서는 그 반대 상황이 발생한다. J-pop과 K-pop은 일본 유행가곡과 한국 유행가곡으로 가볍게 의역되고, 비공식적이지만 두 개를 합쳐서 일한 유행가곡(日韓流行歌曲)이라고 부르는 경우도 심심치 않게 있다. 이런 방식은 지금 시점에서 전혀 합리적이지 않지만, 일본과 한국에서도 1980년대까지 홍콩과 대만의 영화나 대중음악을 딱히 구분하지 않았으니, 특별한 악의 없는 분류상의 편의가 상대방을 불편하게 만드는 일은 비일비재하게 발생한다.

언어와 가사

중국 대중음악에서 유행이라는 표현 다음으로 주목할 것은 언어다. 일단 중국어는 나라 전체를 아우르는 실질적 단일 언어라고 보기 힘들다. 현재 중화인민공화국 영토에 속한 내몽골·신장·티베트 등, 이른바 한지(漢地)에 속하지 않는 지역에는 당연히 오래전부터 사용해 온 고유 언어가 있고, 한지라 불리는 지역만 놓고 보아도 한반도나 일본 열도보다 대략 스무 배나 넓고 인구도 열 배 안팎으로 많으므로, 곳곳에 언어 차이가 있다. 중국의 성 가운데 한국보다 면적이 작은 곳은 하이난성(海南省)밖에 없다. 따라서 손으로 쓰는 글은 동일하더라도 입으로 하는 말은 천차만별이다. '중문은 문어체, 백화(白話)는 구어체'라는 말을 떠올리면 이해하기가 쉽다. 오늘날 중국에서 통용되는 글인 중문에서도 지역별 발음이나 단어 차이는 상당하다.

언어란 글과 말 사이 어딘가에서 정의되는데, 이 다양한 말을 방언이라고 부를지 별개 언어라고 부를지는 정치적이면서 문화적 문제다. 이 문제가 가장 두드러지는 곳은 중국 동남부 광둥과 푸젠(福建)이다. 이곳에서 통용되는 말과 글을 광동화(廣東話)나 복건화(福建話)로 칭한다면 사투리로 보는 것이고, 월어(粵語)나 민어(閩語)라고 부르면 별개 언어로 인정하는 셈이다. 광둥을 월(粵), 푸젠을 민(閩)이라 부르는 이유는 중국 역사를 살피면 어렵지 않게 알 수 있다.

그런데 한자로 '월어 유행가곡(粵語流行歌曲)'이나 '대어 유행가곡(台語流行歌曲)'이라고 적힌 레코드를 구해 음악을 들어 보면,

중국어를 꽤 공부한 사람이라도 그 뜻을 알아들을 수 없다. 월어는 광둥에서 통용되는 언어지만, 월어 유행가곡 대부분은 광둥과 행정적으로 분리된 홍콩에서 만들어진다. 또 대어 유행가곡 대부분은 대만에서 만들어지지만, 대어는 대만과 해협을 두고 마주한 푸젠의 민어, 정확하게는 민남어(閩南語)와 실질적으로 동일하다. 이런 사실을 이해한다면 영어 문헌에서 전자를 칸토 팝(Canto pop), 후자를 호키엔 팝(Hokkien pop)이라고 표현한 것을 보아도 당황하지 않을 수 있다. 칸토(Canto)는 광둥의 월어 발음을 로마자화한 '칸톤(Canton)'의 줄임말이고, '호키엔(Hokkien)'은 푸젠의 민남어 발음을 로마자화했다. 이 책에서는 편의상 광둥어와 대만어라는 용어를 채택하는데, 둘 다 한자로 표기되지만 중국인 혹은 화인(華人)에게는 모두 국어(國語)가 아니다.

여기서 단순화가 또 하나 등장한다. 월어 유행이든 대어 유행이든, 조금 뒤에 볼 화어(華語) 유행이든, 노랫말이 한자로 이루어진 중문이라는 점에서 중문 가곡 또는 줄여서 중문가로 뭉뚱그릴 때가 있다. 일본에서 팝스와 가요쿄쿠, 한국에서 팝과 가요의 구분이 지배하던 시기에 홍콩과 대만에서는 중문 가곡과 영문 가곡이 구분되었다. 영국에서 박사 학위를 받은 대만 대중음악 연구자 허둥훙(何東洪)이 논문에서 '앵글로폰(Anglophone)'이라는 표현을 자주 사용하고 그것을 또 '앵글로 아메리칸(Anglo-American)'과 호환한 것은, 중국어 사용자의 언어 관습과 무관하지 않다. '앵글로폰'과 '영문'은 상호 완벽한 번역어다.[26]

일본 대중음악의 언어가 일본어, 한국 대중음악의 언어가 한국어라는 점은 너무나 당연하지만, 중국·대만·홍콩 대중음악의 언어는 그렇지 않다. 이는 수많은 소수 민족 언어 때문에 그럴 뿐만 아니라, 중국어 범주 안에도 사실상 여러 언어가 존재하기 때문이다. 그래서 유행가곡 앞에 국가보다는 언어를 붙여 구분하는 것이 중국의 오래된 관습이다. 음악 작풍이나 양식보다 어떤 중국어를 사용하는지가 장르 구분에서 더 중요한 기준이 된다.

그렇지만 여러 중국어 가운데 무엇이 지배적 언어인지는 확정되어 있다. 중국과 대만에서 모두 공식 표준어로 채택하고 있는 언어다. 같지만 이름은 다른데, 중국에서는 보통화(普通話), 대만에서는 국어라고 부른다. 그리고 중국이나 대만 국적이 아닌 중국인, 즉 화인들은 화어라는 또 다른 이름을 선호한다. 최근에는 중국과 대만 역시 화어라는 이름에 불편해하지 않는다. 대륙의 보통화, 대만의 국어, 화교(華僑)의 화어 모두 로마자 표기로는 'Mandarin'이다. 그러면 이제 왜 '중국어'로 부르는 대중가요를 영어 문헌에서 만다린 팝(Mandarin pop)이라고 부르는지 같은 의문이 해소될 것이다. 만다린(Mandarin)의 어원은 설이 분분하니 설명을 생략하지만, 중국 북방에서 사용해 왔으며, 비중국인이 보통 중국어라고 생각하며 배우는 언어라고 보면 그리 틀리지 않는다.

언어 사용에서 화어가 지배적인 것과 마찬가지로, 중문 유행가곡 가운데 화어 유행가곡의 비중은 예나 지금이나 압도적이다. 예외가 있다면 1930~1940년대 대만의 대만어 유행가곡과 1970~1980년대 홍콩의 광둥어 유행가곡일 텐데, 나머지 경우에는 해당 언어가 사용되는 지역을 넘어서 영향을 미치지는 않았다. 이와 달리 1930~1940년대 상하이 재즈, 1970~1980년대 대만 포크, 1980~1990년대 베이징(北京) 록 등은 모두 화어 가사로 창작되고 가창되었다. 한국에서도 상당한 상업적 성공을 거둔 홍콩 사대천왕도 1990년대 중반 이후에는 월어보다 화어로 가창하는 경우가 부쩍 많아졌다. 이유는 정치적이기도 하고 경제적이기도 하다.

그러나 사실 언어는 대중음악에서 중요하기는 해도 그 역할이 지배적이지는 않다. 대중음악을 노래가 있는 형식으로 좁혀 본다고 해도, 가사라는 형태로 존재하는 언어는 많아야 절반의 지분만 차지한다. 그런데 중국·대만·홍콩에서는 언어로 대중음악 혹은 유행가곡 장르를 구분하는 관습이 매우 강하다. 언어가 음악의 장르와 스타일을 구분하는 유일한 기준은 아니지만 여러 기준 가운데 하나임은 엄연한 사실이다.

한 가지 살펴봐야 할 논점이 또 하나 있다. 혹시 중문 가곡에서 언어를 기준으로 장르와 스타일을 구분하는 관습이, 다른 동아시아 나라들보다 가사를 중시하는 것과 관련이 있지는 않을까? 물론 중국이 대중음악에서 가사를 유독 중시한다는 뜻은 아니다. 한국이나 일본에서도 가사는 충분히 중요하게 여기고, 그런 경향은 1980년대까지 특히 두드러졌다. 그럼에도 중문 가곡 가사에는 중국의 문학적 전통을 떠올릴 수밖에 없는 모습이 상당히 많다. 중국 역시 현재보다는 지난날 노래들에서 그런 경향이 두드러졌는데, 전근대 운문 장르인 시나 사(詞)와 유사한 형식을 어렵지 않게 찾을 수 있다. 한국으로 치면 대중가요 가사가 시조처럼 만들어진 격이다.

중국 유행가곡을 노래방에서 불러 본 경험이 있다면, 화면에 나오는 한자 가사가 한 줄에 일정하게 다섯이나 일곱 글자로 되어 있음을 알 수 있다. 그 한 줄이 예전으로 치면 시나 사의 한 구에 해당하는데, 요즘은 이런 음수율이 엄격하게 지켜지지 않는 추세지만 상당수 곡에서는 아직 그런대로 유지되고 있다.

그러나 동아시아 대중음악에서는 노래의 중요성이 상대적으로 크다거나, 중문 가곡은 가사 비중이 특별하게 큰데, 거기에는 고전문학 및 전통문화의 영향이 작용한 것 같다고만 이해한다면, 사실 그것은 글쓴이의 의도와는 다소 다르다. 그런 점들을 완전히 무시하지는 말자고 제안하는 것이지, 반드시 그러하다는 주장은 아니다. 과거란 현재에 강하게 영향을 미치는 압력이라기보다는 필요할 때 꺼내서 사용하는 저장고에 가깝다. 과거를 전혀 고려하지 않는다면, 동아시아 대중음악에서 어떤 노래가 당대에 큰 인기를 누렸는지, 후대에도 더 오랫동안 기억되었는지, 경계 넘어 다른 곳으로도 전파되었는지를 설명하는 데 한계가 있다.

물론 21세기 젊은 세대는 대중음악을 들으면서 비트의 고동(鼓動), 리듬의 그루브(groove), 사운드의 바이브(vibe) 등에 일차적으로 반응한다. 가사가 얼마나 문학적이고 곡조가 얼마나 음악적인지에는 전혀 신경 쓰지 않거나 신경을 쓰더라도 부차적인 편이다. 이와 관련해 '아이돌 가수들이 춤만 추고 노래를 부르지 않으면 그 음악이 히트하겠는가?'라는 질문에는 앞에서 이미 답했다. 지금 하는 논의는 '대중음악 제작자들은 왜 좋은 가사와 곡을 얻기 위해 작사가와 작곡가에게 그토록 많은 비용을 지불하는가?'라는 질문에 관한 답변이다.

노래 가사가 언어로 구성되는 문학은 맞지만, 이때 문학이란 입을 벌려 소리 내어 부르는(唱) 것이지 입을 닫고 소리 없이 읽는(讀) 것이 아니다. 즉, 노래 가사에서는 활자의 문학적 의미보다 소리의 음향적 가치가 더 중요하다. 종이에 활자로 인쇄된 외

1937년 발표되어 '화어 유행가곡'의 고전으로
애창되는 〈그대 언제 다시 오려나(何日君再來)〉의 가라오케 화면.
거의 모든 가사가 한 행이 다섯 글자로 되어 있고, 고전 시처럼 운도 맞춰져 있다.

국어 시를 읽는 일은 매우 수고롭거나 종종 아예 불가능하기도 하지만, 그 시를 어떤 가수가 노래로 만들어 부르면 그 소리를 듣는 일은 별로 힘들지 않다. 가사가 무슨 뜻인지 전혀 못 알아들어도, 거기에 맞춰 춤은 출 수 있다. 작사가가 노랫말을 쓸 때 문학적 의미보다 음향적 미학에 더 신경 쓰는 일, 쉽게 말해 멋진 글보다 예쁜 소리에 신경을 더 많이 쓴다는 것은, 아는 사람은 다 아는 업계의 비밀이다.

그래서 가사의 문학적 가치로 존중받는 노래들은 생산지 경계를 넘었을 때 별다른 반향을 얻지 못하거나 본래 의미가 오해되는 경우를 종종 마주하게 된다. 시가로서는 훌륭하지만 음향으로서는 그렇지 않다고 할 수 있는 예다. 조금 더 나아가면, 특정 지역 노래들은 문학적 언어 제약이 많거나 노래로 부르는 소리의 질감이 너무 선명해서 경계 넘어 전파되기 힘들다는 주장을 펼칠 수도 있다. 이런 이야기들은 대부분 그리 과학적이지 않은 속설이지만, 사람들이 그런 잡다한 대중적 이데올로기에 둘러싸여 살고 있는 것도 사실이다. 특히 음악을 수출하려는 사람들에게 이 점은 사활이 걸린 문제다.

인간이 부르는 노래가 중추적 요소로 들어 있는 음악은 시가와 가무 사이에서 교묘한 줄타기를 한다. 시는 언어적이고 비신체적이지만, 춤은 비언어적이고 신체적이다. 그러니 노래에만 집중해 가사의 문학적 의미와 곡조의 예술적 가치만 고려하면 시대착오적이라는 비판을 받게 된다. 소리 그 자체에 관심이 필요한 시대가 왔다는 뜻인데, 소리라는 말이 어색하다면 음향이나 사운드라는 말로 대체해도 된다.

그래서 여기에서는 의식적으로 '음악' 대신 '가곡' 혹은 '가요'라는 단어를 썼다. 21세기 이후에는 동아시아에서도 유행가곡이나 대중가요라는 말이 이제 시대에 뒤처진 과거의 유물처럼 들린다. 유행음악이나 대중음악이라고 부르면 그나마 격이 좀 높은 듯하기도 하고 실제에 부합하다고 느끼기도 한다. 그러나 그렇게 느끼는 이유를 따져 보는 사람이 많지는 않다. 그래서 '음악이란 무엇인가?'라는 질문을 다시 던지게 된다. 亞팝이 동아시아 대중음악이든, 동아 유행음악(東亞流行音樂)이든, East Asian pop music이든, 마지막 단어는 음악과 music이니, 순서상으로도 맞는다.

기악

호소카와 슈헤이는 일본 대중음악 연구자 가운데 가장 영향력이 있는 인물이다. 그는 "다른 많은 비유럽 문화처럼 일본에는 인간이 조직한 소리를 지칭하는 포괄적 단어가 없었다"[27]라고 주장했다. 이는 사후적으로 음악이라고 해석할 만한 무언가가 없었다는 말은 아니다. 실제로 '○악', '○○악'처럼 '악' 앞에 수식어를 붙인 예술 형식들은 동아시아에서 만만치 않은 전통을 지니고 있다. 단지 예술 형식 가운데, 소리로 표현되고 악으로 명명되는 것을 분리해 내서 음악이라는 상위 범주로 개념화하지는 않았을 뿐이다.

'음악'이라는 용어 자체가 서양에서 일본으로 전파되었으며 서양 음악이 음악 개념에 심오한 변화를 가져왔다는 주장이 새로운 것은 아니다. 즉, 음악은 'music'의 번역어이지 그 반대는 아니며, 따라서 음악이라는 개념은 서양 음악과 실질적으로 등치되었다. 근대 이전 동아시아 문헌에도 음악이라는 단어가 등장하기는 하지만, 사용 횟수가 매우 적어서 널리 공유되었다고 보기 힘들다. 중국과 한국에서 전파된 궁중 음악이나 사찰 음악을 8세기 일본에서 음악이라고 쓴 기록이 있지만, 호소카와 슈헤이는 이 역시 '외국의 음향(foreign sound)'이었다는 점을 강조한다.[28]

호소카와의 주장에는 반론이 있을 테고, 과거 중국과 한국의 상황은 일본과 다소 다르기도 했을 것이다. 예컨대 중국에서는 일찍이 공자가 예악(禮樂)을 강조했고 유가 경전 가운데《악경(樂經)》이 있었으며, 기원전 3세기에는 음악이라는 말이 등장한 문헌 기록도 있었다고 한다. 그러나 공자가 말한 예악이 의례와 음악을 구분한 뒤 합성한 것인지 의례와 관련된 음악을 하나로 부른 것인지에는 논란의 여지가 있고,《악경》은 이미 망실되어 그 내용이 무엇인지 논할 가능성 자체가 사라졌다. 또한 고대 문헌에 기록된 음악이라는 표현이 근대 이후 성립된 음악과 같은지 다른지도 의문을 품어 볼 여지가 있다. 현재 관점에서 과거 존재했던 불연속적인 것들을 연속적 계보로 만드는 작업에는 언제나 특정한 의도와 목적이 있기 마련이다. 그 의도와 목적이 선한 경우에도 어느 정도 무리는 따를 수밖에 없다.

이와 반대로 음악이란 근대 이후 서양 음악만을 의미하고 동아시아에는 음악이라고 할 만한 실천과 작품이 없었다고 말하는 것은 또 다른 극단적 견해다. 근대 음악의 전형이 성립된 곳이 독일과 오스트리아라고 본다면, 다른 유럽 지역에도 '서양 음악'은 존재하지 않았다고 말할 수도 있다. 음정의 순서인 음계는 바흐(Johann Sebastian Bach)가 정리한 평균율에 기초했고, 음악의 세 요소는 선율·화성·리듬인데 선율과 화성이 하나의 음을 중심으로 체계를 이루는 것이 조성(調性)이며, 박자와 리듬에 일정한 패턴이 있어야 하고, 이 모든 것은 기보(記譜)될 수 있다고 철석같이 믿는다면, 근대 이전 유럽 음악들도 제대로 된 음악 기준에 미달할 수밖에 없다.

현시점에서도 음악을 안다고 하는 사람은 대개 악보, 특히 오선보를 독해할 줄 아는 이들이다. 종이에 다섯 줄을 촘촘하게 긋고, 이를 세로로 나열해 여기에 '콩나물 대가리' 음표를 비롯한 많은 기호를 기입하는 등의 실천은 축음기가 발명되기 전 음악 레코딩의 지배적 형식이었다. 다른 분야와 마찬가지로 음악의 근대화도 합리화 과정의 산물이다.

그렇지만 지금도 악보를 읽을 줄 아는 사람은 인류 가운데 10퍼센트를 넘지 않을 것이고, 위대한 대중음악 아티스트 가운데 악보를 못 읽는다고 말한 이도 부지기수다. '악보로 발행된 음악'

이라고 풀이되는 '시트 뮤직(sheet music)'은 종종 영혼 없이 악보대로만 기능적으로 연주하는 진부한 음악을 비꼬는 말로 사용되기도 한다. 취향에 따라 다르겠지만 음악을 제대로 공부했다는 평을 듣는 사람이 만든 음악에 이와 비슷한 반응이 나오는 경우도 있다. 음악은 음학(音學)이 아니라고 말하는 애호가들을 종종 보게 되는데, 그 말이 맞든 틀리든 그들은 음악이 본질적으로 공부(學)보다는 즐거움(樂)의 대상이라는 강한 신념을 지녔다. 실제로 'music' 앞에 붙는 동사는 대개 'play'이니, 음악은 노는 것이라고 풀어도 아주 틀린 말은 아니다. 이론뿐만 아니라 실연 분야에서도 음악을 열심히 공부하고 시험까지 치러 대학에 들어가는 경우가 굉장히 많아진 점은, 음악의 전체 역사에서 보면 매우 기이하다고도 할 수 있는 현상이다. 대중음악이라면 더욱 그렇다.

락(樂)은 음악의 '악'과 같은 글자다. 중고등학교 한문 시간에 배운 기억을 더듬으면 락(樂)에는 악·락·요 세 가지 발음이 있다. 뜻과 함께 붙이면 각각 풍류 악, 즐길 락, 좋아할 요다. 喜喜樂樂은 희희낙락으로 읽고 樂山樂水는 요산요수로 읽는다. 세 가지 음은 서로 다른 뜻에 맞게 각각 쓰임도 다르지만, 소리를 사용해 좋아하고 즐기는 풍류라는 의미를 통으로 품고 있다고 해석할 수도 있을 듯하다. 음악학에서는 규칙적 진동과 일정한 높이를 지닌 악음(樂音)을 그렇지 않은 비악음과 구분한다. 전자를 들으면 좋고 즐겁지만, 후자는 딱히 그렇지 않다. 악음은 'musical tone'이나 'musical sound'라고도 표기한다. 물론 합리화에 따른 구분의 산물이므로 그 중간 음은 얼마든지 많다. 예컨대 랩핑(rapping)은 음고(pitch)는 있지만 진동이 짧아서, 음악적인지에 관해 논란이 많다.

그런데 음악이 '좋아하고 즐기는 풍류'라는 해석과 다른 각도의 해석도 있다. 음악이라는 용어의 의미를 연구한 중국 학자들은 음악은 하나의 단어가 아니라 음과 악의 합성어고, 음은 인간의 목소리로 내는 반면 악은 도구, 즉 악기를 통해 낸다고 주장한다. 현대 용어로 말한다면 전자는 성악, 후자는 기악이라는 뜻이다. 이 주장을 일단 수용한다면, '악' 자가 뒤에 붙은 문화 형식 대부분이 기악에 속한다고 볼 수 있다. 단어가 등장하면서 품게 된 의미가 고정된 채로 유지되는 경우는 별로 없지만, 악을 기악으로 생각하는 관습은 상당 기간 이어졌던 듯하다. 조선에서도 궁중 의례를 위한 아악(雅樂)부터 평민 연희에 사용된 속악(俗樂)에 이르기까지, '악'에서는 기악이 중심이고 성악은 보조였다.

이는 지금까지도 희미하게 흔적으로 남아 있다. 악기를 연주하는 사람을 악사(樂士)라고 부르지 음사(音士)라고 부르지는 않는다. 악사를 뜻하는 일본어 가쿠시와 베트남어 냑시(nhạc sĩ)는 동일한 한자의 다른 발음이고, 중국어에서는 웨서우(樂手)라고 조금 다르게 부른다. 악사는 공연이나 녹음에서 악기를 연주하는 사람들, 이른바 세션맨을 지칭하는 업계 속어로 사용되고 있어 이제 더 이상 존중의 의미를 담고 있지 않지만, 이전 시기에는 음악인 또는 뮤지션과 거의 같은 뜻이었고 밴드맨을 지칭했다. 악기를 연주하지 않고 노래만 부르는 사람에게는 당연히 악사가 아닌 가수라는 별도 명칭이 붙었다. 세션 '맨', 즉 남성 악사와 여성 가수의 분업은 20세기 대중음악의 주도적 형태 가운데 하나였다.

시간을 더 거슬러 올라가면 또 하나 익숙한 표현이 등장한다. 지금은 버스커(busker)라는 영어로 대체가 거의 완료된 길거리 악사다. 공권력이 거리 통제를 강화하면서 점차 사라졌지만, 근대 초기에는 거리의 악사들이 도시 대로를 활보하면서 악기를 연주하고 노래를 불렀다. 이들은 노래를 부르기도 했지만 악기, 특히 서양 악기를 함께 연주한다는 점에서 악사로 불렸다. 이렇게 보면 악사란 악기 연주를 전제로 성립한 개념이고, 근대의 악사란 서양 악기를 다루는 사람이었다고 할 수 있다. 거리의 악사들은 악기를 상업적으로 이용했는데, 그 가운데 가장 널리 알려진 예가 19세기 말부터 20세기 초까지 일본에서 크게 유행했던 엔카시(演歌師)다. 이들이 노래를 부르면서 연주한 악기는 샤미센(三味線)이나 샤쿠하치(尺八) 같은 전통 악기가 아니라 바이올린과

아코디언이었고, 엔카시는 노래와 연주를 듣기 위해 모인 군중에게 노래책을 판매해 이윤을 챙겼다.

가설적으로 주장하면, '음+악'이라는 합성 표현이 점차 '음악'이라는 단일 개념으로 변화하고, 서양과 접촉한 근대에 접어들면서 'music'에 상응하는 뜻으로 재정의되었다고 할 수 있지 않을까. 기악이 성악에 비해 음악적이라고 간주된 때는 그 전으로도 소급해 볼 수 있지만, 그러한 인식이 확립된 때는 근대 이후였다. 음악이라는 말이 근대 초기를 살았던 사람들에게 얼마나 낯설었는지는 초등 교육 과정에 설정된 과목이 '음악'이 아닌 '창가(唱歌)'였다는 데에서도 드러난다. 19세기 말~20세기 초에 학교에서 노래를 부르는 일은 익숙했어도 악기 연주는 그렇지 않았다. 식민지 조선에서 창가라는 과목 이름이 음악으로 바뀐 때는 1940년이었고 1년 뒤인 1941년부터 시행되었다.

요약하자면, 좁은 의미로 음악인은 기악인이었고, 사회가 악사를 바라보는 태도는 극단적으로 나뉘었다. 한편으로는 악기 하나에 평생 몸과 마음을 바친 구도자로 존경받는 반면, 다른 한편으로는 악기를 들고 여기저기 돌아다니면서 푼돈이나 벌어먹는 사람으로 조롱받기도 했다. 그런데 두 가지 모두 젊은 시절 악기 하나에 미쳐 늙도록 그것을 제 몸처럼 아끼며 연주한다는 점에서는 마찬가지다. 그러나 '가(家)'와 '수(手)', '-ist'와 '-er'의

간극은 크다.

이렇게 음악을 재정의하고 보면, 우선 동아시아에서 대중가요나 유행가곡이 대중음악이나 유행음악으로 변화한 과정을 해석할 수 있다. 음악이 가요 혹은 가곡보다 사회적으로 우대받는다는 인상이 있음은 사실이다. 물론 이 책에서는 그 점이 그리 중요하지 않다. 가수의 노래가 절대적이고 가사의 문학적 의미도 중요하던 시대에서 음향의 신체적 효과가 중요하고 인간의 목소리는 부차적인 시대로 대중음악이 변화했다고 말하는 것은 그럴듯하면서도 진부하다.

스튜디오에서든 무대에서든 가수가 무슨 노래를 부르든 악사는 신경 쓰지 않고 묵묵히 자기 할 일을 하기 마련이다. 경험이 있는 사람은 알겠지만, 무대나 스튜디오에서 연주할 때는 다른 일에 신경 쓸 여유가 없다. 그래서 동일한 음악 작품을 연주할 때 악기를 통해 나오는 소리는 인간의 성대에서 나오는 소리에 비해 서양과 동아시아의 차이가 크지 않다. 물론 악기 편성이 동일하다는 전제에서 하는 말이다. 과학적 증거를 대기는 어렵지만 인간의 손놀림이 성대 울림에 비해 차이가 덜하다는 점은 감각적으로 명백하다.

그래서 20세기 동아시아에서 대중음악의 역사란, 서양 대중음악의 악기 편성을 따라잡아 제대로 구현하려고 노력했던 역사와 크게 다르지 않다. 여기서 동아시아적 특색을 실험하려는 노력은 많지 않았고, 있었다고 해도 부차적이었으며 대중에게 지속적으로 주목받지 못했다. 악기를 구할 수 있는 경제적 여력이 문제였지, 악기 연주 실력이 부족한 것은 큰 걸림돌이 아니었다. 전기·전자 악기가 도입된 이후에는 이와 긴밀하게 연관된 음향 장비의 역사도 비슷하게 설명할 수 있다. 악기와 장비에 동아시아적이거나 민족적 특징을 따지는 사람은 극히 드물다.

동아시아 대중음악을 들으면서 음향은 팝이 분명한데 가수의 노래는 동아시아적으로 들린다고 하면, 아무래도 엉성한 논리로 보일 수밖에 없다. 음악학자라면 가수의 창법뿐만 아니라 악기 연주법, 리듬 패턴, 화성 유형, 코드 진행, 음향 직조 등에서 동아시아 대중음악이 서양 대중음악과 다른 점들을 검출할 수도 있다. 음악적 감각이 좋은 사람은 그것을 말로 표현하기 힘들어도 어렵지 않게 느낄 것이다. 그런데 글로벌 음악 시장에서 차이 만들기가 중요한 요소가 된 21세기와 달리, 20세기에는 그런 차이를 장점으로 여기지 않았다.

가무

그렇다고 성악에 비해 기악이 보편적이라고 받아들이면 안 된다. 보편적이라는 말은 온갖 권력관계의 불평등성과 권력자에게 유리한 논리를 내포하고 있다. 여기에서 하고 싶은 말은 이렇게 보편적이라고 감각되는 기악이 실제 활용되는 방식은 조건과 환경에 따라 천차만별이었다는 사실이다. 그 조건은 경제적이기도 하고, 문화적이기도 하고, 심지어 정치적이기도 했다.

이에 관한 수많은 사례는 구체적으로 다뤄야 하므로, 성급하게 일반화할 수 없고 일반화해서도 안 된다. 다만 근대 이전의 전통 하나는 무리하더라도 다소 일반화하고 싶다. 호소카와 슈헤이의 글에서 논점 하나를 더 언급해 보면, 근대 이전 일본에서 음악은 수입된 것을 지칭했지만 그와 달리 우타마이(うたまい)는 토착적인 것이었다고 한다. 우타마이의 한자 표기는 다름 아닌 가무다. 음악이 궁정이나 사찰 같은 공간에서 상층 계급의 의례와 연관되었다면, 우타마이는 하층 계급의 일상 연희와 연관되었다.

그런데 근대 이전 일본 용어법을 현재 시각으로 수정해 보고자 한다. 가무라는 말에 들어간 가(歌)는 그냥 성악이라기보다는 기악을 수반하므로, 가무는 무악(舞樂)이라고 생각하는 게 혼동이 덜하다. 일본어 사전에서 우타마이에 관한 정의 가운데 하나가 '관현과 무악'이니, 앞으로 가무라고 쓰더라도 무악이라 읽어주기 바란다. 똑같은 한자를 사용해도 문학인 시'가'는 '시카(し

いか)'라고 음독(音讀)하는 반면 '가'무는 우타마이라고 부르는데, 일본어 기초를 아는 사람은 그 차이를 충분히 이해할 수 있을 것이다. 간단히 말해 음독은 수입되거나 개념적인 것에, 훈독(訓讀)은 토착적이거나 일상적인 것에 사용한다.

한국에서 풍물(風物)이라는 이름으로 정착된 놀이도 예전에는 음악 이하로 인식되었을 것이다. 풍물을 글자 그대로 해석하면 바람 잡는 물건이고 그 물건은 소리를 내는 도구, 즉 악기다. 현재 풍물은 농악과 거의 같은 말로 사용되는데, 농악이 전통음악 갈래로 자리 잡은 때는 근대 이후라고 보는 게 합리적이다. 같은 전통음악이라고 해도 농악은 궁중 음악의 정반대 위치에 있다. 음악의 한 극에는 정치나 종교를 위한 의례 음악이 있고, 다른 한 극에는 대중의 일상 놀이를 위한 음악이 있다. 한 악사가 양극단 모두에서 음악을 연주하는 경우도 없지는 않았을 것이다. 오래전 일에서는 적당한 실례를 들기 어렵지만, 근대 이후 사례로는 꽤 많은 정보가 있다.

무악을 영어로 번역한다면, 그것은 'dance music'일 수밖에 없다. 요즘은 댄스음악이라는 말에 익숙할 테니, 무악 대신 댄스음악으로 얘기를 이어 본다. 서양에서도 댄스음악은 음악 역사에서 줄기차게 비난받아 왔다. 1920년대 초반 클래식 음악 애호가는 스윙 재즈를 들으면서 혀를 끌끌 찼고, 20세기 중반 재즈 애호가는 맘보와 트위스트를 들으면서 말세라고 생각했을 것이다. 20세기 후반 록 음악 감식가가 디스코·하우스·테크노를 들을 때도 마찬가지로 기가 막혔을 것이다. 이는 한국 등 동아시아만의 이야기가 아니라, 서양 대중음악 역사를 다룬 책에도 지겨울 정도로 등장하는 이야기다. 댄스 열광에 관한 사회적 비난에 계급·인종·성별 차이에 따른 권력관계가 개입한다는 이야기도 이제는 진부하다. 미국 가수이자 작가인 밥 딜런(Bob Dylan)은 1965년 샌프란시스코에서 한 인터뷰에서 기자의 질문에 다음과 같이 답했다고 한다. 기자가 "당신은 가수와 시인 가운데 어느 쪽에 더 맞는다고 생각합니까?"라고 묻자, 그는 "나는 그런 것들보다는 가무인입니다"라고 빈정거리듯 말해서 사람들을 놀라게 했다. 밥 딜런이 말한 가무인, 즉 'song and dance man'은 한국어로 '딴따라' 정도가 된다. 이 발언의 맥락을 여기서 길게 설명할 필요는 없지만, 어쩌면 그는 대중음악의 요체가 무엇인지 잘 알고 있었던 것 같다.

동아시아에서 가무라는 말이나 실천이 지금도 통용되고 있음은 그리 어렵지 않게 확인할 수 있다. 일본을 대표하는 전통 공연 예술로 정착한 가부키(歌舞伎)의 의미가 글자 그대로 '가무의 재주'라는 점도 그런 예로 들 수 있다. 또 일본을 포함한 근대 초기 동아시아 대중음악의 요람 가운데 하나는 가극(歌劇) 혹은 악

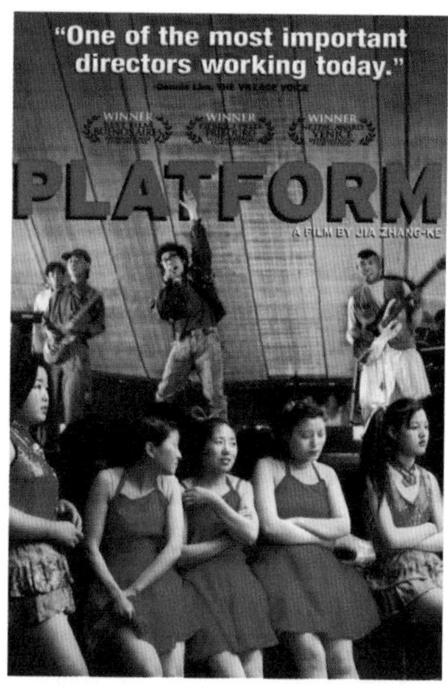

자장커(賈樟柯) 감독이 2000년에 발표한 영화 〈플랫폼(站台)〉. 시장 경제로 이행한 이후 혁명가극을 공연하던 중국 가무단이 국가 지원 축소에 따라 전기 악기를 쓰며 디스코 등 서양 댄스음악을 연주하게 되는 과정을 우울하게 그렸다.

극(樂劇)으로 불린 무대 예술인데, 여기서도 노래와 춤은 불가분한 요소였다. 1913년에 창설되어 지금도 공연을 계속하고 있는 다카라즈카(寶塚)가극단은 너무나 유명하고 생생한 예다.

사회주의 실험을 전개한 동아시아 나라들에서는 가무라는 용어와 실천이 더 선명하다. 북한의 가무단, 중국의 거우투안, 베트남의 도안까므어(đoàn ca múa)는 동일한 한자에 발음만 다른 표현이다. 몽골의 두 뷔즈긴 출가(Дуу бүжгийн чуулга)도 번역하면 역시 가무단이다. 이들을 국가 후원을 받는 관변단체라고 쉽게 무시하곤 하지만, 그런 가무단에서 연주하는 음악이 점차 팝에 가깝게 변화하는 과정은 무시할 수 없다. 나라마다 상황은 달랐지만, 시장 경제로 이행하면서 국제적 기준에 따른 대중음악이 성립할 때 가무단 출신 대중 가수가 대거 등장했던 것은 주목할 만하다. 사회주의 국영 가무단의 경험이 그곳 대중음악 전개에 아무런 영향을 미치지 않았다고 생각하는 것은 매우 안이한 태도다.

과거의 유산으로 존속하고 있는 가무를 현대 대중음악과 직결하는 것은 무리이긴 하다. 또한 J-pop이나 K-pop을 제작하는 엔터테인먼트 회사들이 과거 가무단이나 악극단과 비슷하게 운영된다고 하면 지나친 비약이라고 할지도 모른다. 그런데 엔터테인먼트의 중국어 한자 번역인 '오락'의 '락'은 음악의 '악'과 같은 글자다. 따라서 그런 면이 전혀 없다고는 말할 수 없으리라고 생각한다. 그런 상상은 2008년 이후 〈SM Town Live〉라는 패키지 투어를 하고 있는 굴지의 K-pop 엔터테인먼트 회사가 보여준 실천에서 출발했다. 이런 국제적 쇼를 제작하는 SM엔터테인먼트의 실천과 1930~1940년대 한국 대중음악계를 선도했던 조선악극단의 실천 사이에 희미한 끈 같은 건 없을까. 20세기 중반 조선악극단과 21세기 초반 SM엔터테인먼트 사이를 '극장 쇼'라는 포맷으로 대중음악 흥행을 쥐락펴락했던 쇼단 혹은 연예단의

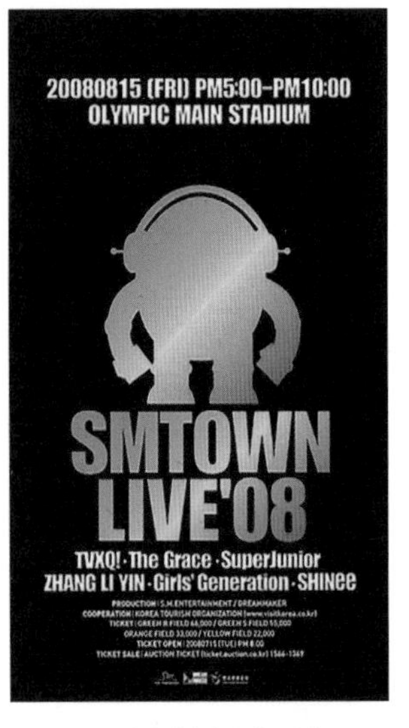

일종의 '패키지 쇼'인 SM Town Live의 2008년과 2022년 광고 포스터.
2022년에는 온라인으로 열렸다.

활동과 대비해 볼 수 있겠다. 이는 레코드 산업과 공연 산업이 상대적으로 늦게 발전했거나 시장이 작은 곳에서 발생하는 현상으로 일단 진단할 수 있다. 그렇지만 토착적 가무 전통이 21세기 엔터테인먼트에도 무의식적으로 영향을 주고 있으리라는 생각은 쉽게 떨치기 어렵다.

이런 상상이 다소 무리한 듯해도, 21세기 이후 대중음악 담론에서 댄스음악에 관대해지고 심지어 우호적으로 평가하는 경향이 나타난 것은 매우 흥미롭다. 이는 댄스음악, 정확히 말해 댄스팝이 K-pop 주류를 장악한 한국에서만 나타나지는 않는다. 팝의 본고장이라는 미국의 담론 상황도 참고할 만하다. 2023년 벽두에 잡지 《롤링 스톤(Rolling Stone)》에서는 역대 최고 가수 100인을 선정했는데, 1위부터 10위까지 모두 비백인이 차지했고 남성과 여성이 반반이었다. 백인·남성·중간 계급·중장년을 대표해온 잡지의 이력을 고려한다면 매우 이례적이다. 10위까지 선정된 이들은 과거에는 상업적 댄스음악을 한다는 이유로 백인 대중음악, 특히 남성 록 밴드 및 싱어송라이터보다 높게 평가받지 못했다.

미국 대중음악 평론계가 이렇게 급전한 배경에는 페미니즘과 반인종주의 등에 기반을 둔 실천들이 사회 전반에서 주류화·제도화되고 심지어 상업화까지 된 추세가 자리 잡고 있다. 한국 대중음악인 가운데 아이유와 BTS 정국이 100인에 선정된 것은, 글로벌 대중음악 시장에서 부상한 동아시아의 현재 위상을 반영했다는 뜻이다.

문화적 코드와 상업적 잠재력이 미심쩍게 뒤섞인 것을 차치하더라도, 대중음악의 미학적 기준이 변화한다는 점에는 주목할 필요가 있다. 댄스음악이라는 이유로 지난날 부당하게 저평가되었던 장르들이 새롭게 평가받고 있다. 대중음악 역사에서 흑인이나 여성이 댄스음악과 더 연관되어 왔다는 점은 미국에 살아 본 경험이 없는 사람이 실감하기 쉽지 않고, 동아시아 사회에 적용하기도 힘들다. 예술음악은 리듬을 절제하는 반면, 대중음악은 리듬이 주도한다. 이처럼 예술음악과 대중음악을 구분하는 대중적 이데올로기 기준 가운데 하나가 리듬이라고 본다면, 그리고 리듬이 신체 동작인 댄스와 불가분하게 연관된다면, 댄스와 리듬의 중요성에 21세기 평론가들이 새삼스럽게 눈을 떴다고 할 수도 있다. 진정성을 중시하는 재즈·록·힙합 역시 따지고 보면 댄스음악에서 출발했다는 자각도 이런 변화에 한몫했을 것이다.

댄스음악에 가장 가까운 한자 표기는 '무악'이다. 여기에 어떤 식으로든 사람의 목소리를 곁들이면 '가무'가 된다. 이 말을 들으면 한민족이 가무를 즐겼다는 중국 역사서《삼국지(三國志)》의 한 구절을 연상하는 사람이 많을 듯하다. 하지만 몇 글자 되지도 않는 고대 문헌 구절을 끌어와 'K-pop의 뿌리'라든가 '민족의 DNA'까지 언급하는 것은 논리도 빈약하고 근거도 불명확하다. 수천 년 동안 어떤 일들이 있었는지는 생각하지 않고 오래 전 중국인의 시선을 따라 민족 정체성을 구축하려는 발상은 흥미롭다 못해 해괴하다. K-pop을 포함한 근대 이후 한국 대중음악의 가무가 토착적 전통을 계승했는지, 수입된 현대 문화를 변형했는지도 두고두고 토론할 주제이지 당장 확답할 수 있는 문제는 아니다.

가무를 강조하는 시각의 장점은 따로 있다. 한국을 비롯한 동아시아 대중음악 역사를 보면 가사와 곡조에 지나치게 집중하는 경향이 있다. 1930~1940년대 대중음악을 살필 경우, 조사 대상은 레코드로 녹음된 소리와 종이에 기록된 문헌일 수밖에 없다. 그렇지만 1950년대만 해도 당대를 경험한 악사들이 아직 생존해 있었기 때문에 다른 방법으로 조사할 수 있다. 그들은 당시 레코드가 대중음악의 극히 일부만 표현할 뿐이라고 하나같이 증언하며, '커팅 에지(cutting edge)'를 갖춘 댄스음악을 당시 무대에서 연주했다는 경력을 자랑스럽게 얘기한다. 사교댄스 음악을 말하는 것이다.

그 뒤로도 악사들은 장소나 장르, 형태를 달리하며 계속해서 연주했고, 그 음악이 사람들의 몸을 움직이게 만들었다. 음악은, 특히 춤과 연관된 음악은 몸에 직접적이고 즉자적으로 작용하기 때문에 머리로 사유하는 음악보다 통속적이고 대중적이다. 영미 평단 용어를 빌리자면, 대중음악은 보디(body) 뮤직이지 헤드(head) 뮤직은 아니다. 또 헤드 뮤직을 만들고 즐기기 위해서라도 그에 앞서 보디 뮤직이 되어야 한다.

그래서 예술과 문학으로 존경받았든 음악에 미달하는 오락으로 무시되었든, 근대 이후 우리가 음악이라고 말하는 것은 공식적 의례와 비공식적 가무라는 두 극 사이에서 진동했다. 앞 극에서는 외래와 토착, 현대와 전통, 서와 동의 구분이 선명한 반면, 뒤 극에서는 그런 구분이 선명하지 않다. 두 극을 양쪽에 두고 이를 잇는 연속적 스펙트럼을 상상해 보자. 곳곳에 특정 인물, 특정 작품, 특정 장르가 특정한 위치에 자리할 것이다. 여기서 대중음악을 비공식적 가무에 가까운 음악이라고 정의하는 것은 또 하나의 이데올로기다. 그렇지만 이를 무시한다면 대중음악에서 '대중'이라는 수식어의 내용이 얄팍해진다. '춤'을 인간 신체의 동작을 총칭하는 말로 광범하게 정의한다면, 좋은 대중음악은 기본적으로 몸을 움직이게 하는 음악이다.

지금까지 살펴보았던 개념과 용어들을 하나씩 정리하자면 다음과 같다.

하나. 근대 이전 그리고 근대 초기까지 고상한 음악과 천박한 가무를 분리하는 담론의 힘이 강했음에도 실제로는 하층 계급의 가무가 도시 공간에서 근대적 매체와 산업에 매개되면서 상품화되었다. 중요한 사실은 근대 이후 도시 하층 계급의 가무는 민족의 전통이 연속적으로 계승된 것과는 거리가 멀다는 점이다. 즉, 근대 이후 대중은 원천이 무엇이든 획득할 수 있는 음악적·음향적 자원을 다양하게 구해서 '락'을 추구했고, 그 즐거움은 집단적 춤과 밀접하게 연관되어 왔다. 춤을 추는 대중은 새로운 것에 매혹되지, 오래된 것을 보존하지는 않는다. 따라서 대중음악에서 민족이나 전통을 찾는 것은 부적절하다. 또한 '토착'이라는 표현 역시 적절하지 않은데, 토착이라고 여겨지는 것들 상당수가 그저 먼저 수입된 것일 뿐이기 때문이다.

둘. '음악'이라는 단어의 기원은 동아시아의 전근대 역사로 거슬러 올라갈 수 있지만, 그 용어법과 개념은 근대 이후에 확립되었고, 그때 음악은 외래 악기, 주로 서양 악기로 연주하는 기악이라는 의미가 강했다. 그런 의미를 감안해 양악을 재정의하면, 서양 음악 어법을 적용한 음악이라는 뜻 외에 양악기로 연주하는 음악이라는 뜻도 지닌다. 양악기가 아닌 전통 악기로 연주하는 경우에는 그냥 음악과는 약간 다른 이름으로 불렸다. 이는 21세기에도 마찬가지라서, '음악하는 사람' 또는 '악사'라는 말에는 서양 음악이라는 뜻이 내포되었을 가능성이 높다. 단지 '양악기'라는 말을 더 이상 사용하지 않을 뿐이다. 서양 언어를 습득하지 않아도 양악을 연주할 수 있다.

셋. 성악에는 여러 종류가 있지만, 노래 부르기 혹은 가창으로 좁혀 보자면, 가창은 언어의 문학적 의미를 몰라도 할 수 있다. 외국어를 일상에서 구사하기보다 외국어 가사로 된 노래를 부르는 것이 훨씬 쉽다. 20세기 동아시아 가수 가운데 자국 노래보다 외국곡을 외국어로 가창한 시간이 훨씬 많은 사람이 부지기수다. 앞서 언급하지 않았지만, '양곡(洋曲)'이라는 용어도 한때 많이 사용되었다. 자국어로 부를 때조차 가사의 문학적 의미는 가창된 소리의 미적 감각보다 덜 중요하다. 가수들이 성대를 이용하여 성악음을 만드는 행위는 악기로 기악음을 만드는 악사의 행위와 다르지 않다. 인간의 목은 악기이고 목소리는 악기음이다.

넷. 곡이나 곡조 혹은 악곡은 가사가 없을 수도 있지만, 노래는 대개 곡조와 더불어 노랫말이 필수 요소다. 노랫말은 보통 가사로 불리고 나아가 시로 여겨지기도 하지만, 이 시는 읽는(讀) 것이라기보다는 부르는(唱) 것이다. 종이에 인쇄된 활자의 시각적 가치보다 입으로 나오는 소리의 청각적 가치가 훨씬 중요하다. 가사가 문학이 된다면 시가라는 이름으로 불릴 텐데, 이때 시인이란 글을 잘 쓰는 사람(文人)이라기보다는 글 쓴 것을 소리로 잘 만드는 사람(歌人)이다. 어쨌든 그는 문학의 경지로 올라간다. 그 반대편에는 사회 기준에 비추어 가사가 문학적이지 않고 곡조도 다듬어지지 않은 민초들의 노래인 요(謠)가 있다. 예를 들어 민요나 속요 등은 시가나 가사, 가곡의 반대편에 자리한다.

이상을 확인했으니, 이제 드디어 동아시아 팝 음악의 여명기로 들어가 볼 차례다. 동아시아 팝 음악은 한국에서 '대중가요'라고 지칭했던 것과 그리 다르지 않다고 생각하는 사람도 있을 것이다. 그렇지만 이제까지 설명했던 이유로, 대중가요 혹은 이를 줄인 가요라는 말은 가급적 사용하지 않으려고 한다. 혹여 사용한다면 '대중이 좋아하는 노래', '대중적 인기가 있는 노래'라는 일반 명사지, 특정한 형식을 지칭하는 것이 아니다.

제국의 유행가(流行歌): 유행가, 류코카, 류싱거

민국의 시대곡: 조계 상하이, 그 너머

재즈와 전쟁

2

동아시아를
넘나든 소리,
소리를
가로막은
이상

제국의 유행가(流行歌): 유행가, 류코카, 류싱거

조선의 유행가와 신민요

먼저 '조선 최초 대중가요가 무엇인가?'라는 질문을 던져 보자. 그런데 여기에 적절한 답을 내기 위해서는 일정한 기준이 필요하다. 조선인이 창작과 가창을 모두 수행하여 레코드로 발표한 작품이라는 조건에 따르면, 우선 〈아리랑〉과 〈낙화유수(落花流水)〉(일명 〈강남달〉) 둘을 꼽을 수 있다. 〈아리랑〉은 1926년 영화 주제가로 만들어져 극장에서 먼저 선보인 뒤, 영화 해설 레코드 삽입곡을 거쳐 1930년에 노래만 녹음되어 발매되었다. 〈낙화유수〉 역시 1927년에 영화 주제가로 만들어졌고, 영화 해설 레코드 삽입곡을 거쳐 1929년에 노래만 녹음되어 발표되었다. 그 밖에 1930년에 채규엽(蔡奎燁)이 발표한 〈유랑인의 노래〉 및 〈봄노래 부르자〉도 후보에 오를 수 있다.

〈아리랑〉과 〈낙화유수〉는 소리 없는 영화, 즉 무성영화의 주제가였다. 두 곡 모두 레코드 발표 이전에 극장에서 무성영화가 상영될 때 연주되었고 영화의 인기에 힘입어 이후 레코드도 만들어졌기 때문에, 창작 시점과 레코드 발표 시점 사이에 시간 차가 꽤 있다. 그리고 레코드에 노래를 녹음한 이는 전업 가수라기보다는 배우를 겸한 경우가 많았다. 당시에는 아직 영화나 연극 등 극예술과 관련 없는 단곡(單曲)이 창작되고 유행한 예가 많지 않았다. 그 점에서 채규엽은 예외에 속하는데, 그를 '최초의 직업 가수'라고 부르는 데에는 바로 그런 배경이 있다.

이 곡들에는 음악적 공통점이 하나 있는데, 바로 리듬이 모두 3박자라는 점이다. 1930~1940년대 유행가의 전형이 근대적이고 절도 있는 2박자에 기초한 반면, 이 초기 유행가들은 전통 민요에 더 가까운 모습이다. 멜로디를 보면 〈낙화유수〉에서는 동요, 〈봄노래 부르자〉에서는 창가의 느낌을 받는다. 〈아리랑〉도 서양 음악식으로 편곡했지만 민요의 정감이 짙게 남아 있다. 이때까지는 '유행가'나 '신민요'라는 장르 이름이 레코드에 명시적으로 표기되지도 않았다. 그리고 후대 오케스트라 연주에 비해 기악 편성이 단출하다는 점도 특징이다.

어쨌든 조선 최초라고 거론되는 작품이 1920년대 말과 1930년대 초에 레코드로 모습을 드러낸 사실을 보면, 그 무렵 어떤

레코드로 만들어진 영화 주제가 두 곡.
〈아리랑〉은 1926년, 〈낙화유수〉는 1927년에 각각 영화가 상영되었다.
〈낙화유수〉는 후대에 동명이곡(同名異曲)이 나왔기 때문에, 구분하기 위해 가사 첫머리를
따서 〈강남달〉이라고도 불린다. '아르렁'으로 표기된 〈아리랑〉을 부른
배우 김연실(金蓮實)은 나중에 북조선에서 인민배우가 된다.

변화가 있었음은 분명하다. 따라서 이후 1930년대 중반까지 어떤 작품과 사건이 있었는지를 먼저 살펴보고, 다시 1920년대를 검토함으로써 그 변화를 알아보고자 한다.

채규엽은 1930년에 레코드로 데뷔하고 2년 뒤 〈술은 눈물일까 한숨이랄까〉라는 곡을 발표한다. 이 곡은 번안곡으로, 원곡은 1931년 일본에서 고가 마사오(古賀政男)가 쓰고 후지야마 이치로(藤山一郎)가 노래한 〈술은 눈물일까 한숨이랄까(酒は涙か溜息か)〉다. 이 곡은 당시 일본 유행가, 후대에 엔카라고 불릴 장르를 정의했다고 할 만큼 중요한 작품이다. 채규엽은 가수로 데뷔하기

전 일본에서 음악학교에 다녔고, 그 뒤로도 조선과 일본을 오가며 활동했다. 일본에서 활동할 때는 하세가와 이치로(長谷川一郎)라는 일본식 예명을 사용했으니, 후지야마 이치로가 부른 일본어 원곡과 하세가와 이치로가 부른 조선어 번안곡의 비교는 조선 유행가가 일본 유행가로부터 영향을 받은 증거로 인용되기에 안성맞춤인 사례다.

고가 마사오와 후지야마 이치로 콤비는 이후로도 수많은 히트곡을 만들어 냈고, 몇 년 뒤 조선에서는 박시춘(朴是春)과 남인수(南仁樹) 콤비가 유사한 현상을 이끌었다. 구슬프고 우울하고 한탄하는 듯한 '고가 멜로디(古賀メロディー)'는 단지 고가 마사오 개인의 스타일을 넘어 하나의 장르처럼 되었다. 후대에 일본에서는 이 스타일을 엔카라 부르게 되고 한국에서는 트로트 혹은 뽕짝이라고 부르게 되니, '엔카와 트로트 비교'라는 주제는 계속 탐구의 대상이 되고 있다.[1]

그런데 여기서 문제를 복잡하게 만드는 것은, 고가 마사오가 성장기 10년을 조선에서 보냈다는 사실이다. 후쿠오카(福岡)에서 태어났지만 여덟 살 때 조선으로 건너와 경성(京城) 선린상업학교(善鄰商業學校)까지 졸업한 그는 "경성의 큰형 가게에는 조선인 점원이 60명 정도 일했"고 "그들이 흥얼거리는 민요를 날마다 들었"으며 "멜로디가 뛰어난 부분은 나의 작곡에도 큰 도움

약 반년 시차를 두고 일본어와 조선어로 발표된 〈술은 눈물일까 한숨이랄까〉

이 되었다"라고 회고했다.[2] 이를 확대해석하면 일본 유행가가 조선 민요의 영향을 받았다는 결론을 이끌어 낼 수도 있다. 그렇지만 이를 근거로 일본 대중음악 전체에 조선이 영향을 미쳤다고 주장하는 것은 논리적 비약일 수밖에 없다.

여기서 잠시 시간을 뒤로 돌려서 1970~1980년대에 일어났던 사건을 돌아보면, 고가 마사오가 세상을 뜨기 한 해 전인 1976년, 한국 가수 이성애(李成愛)가 일본 시장에 진출해 일본어로 녹음한 레코드를 발표했다. 나카야마 신페이(中山晋平)를 비롯한 일본 작곡가들의 곡과 손목인(孫牧人), 이재호(李在鎬) 등의 한국 가요를 앞뒤로 수록한 레코드에는 "엔카의 원류를 찾는다(演歌の源流を探る)"라는 문구가 적혀 있었다. 고가 마사오의 작품이

수록된 것도 아니고 엔카의 원류가 한국에 있다고 단정해서 표현하지도 않았지만, 많은 일본인은 이 레코드를 보면서 고가 마사오의 조선 체류 경험을 떠올렸을 것이다.

그리고 몇 년 뒤 1984년 한국에서는 거꾸로 뽕짝의 원류를 찾는 논란이 진지하게 전개되기도 했다. 엔카의 원류가 한국에 있다는 일부 일본인의 주장과는 정반대로, 많은 한국 지식인은 뽕짝이 일본에서 이식되었다고 여겼다. 동기와 의도가 다르고 서로 엇갈리는 결론을 내놓긴 했지만, 일본과 한국 모두 '우리 것이 아니다'라고 한 점은 같다.

그러나 일본의 류코카와 조선의 유행가를 하나씩 뽑아서 전자가 후자에 영향을 주었다고 말할 수는 있어도, 그 영향이 과연 전면적이었다고 볼 수 있을까. 여기에서는 일단 일본의 모든 대중음악이 아니라 이른바 '고가 멜로디'를 비롯한 특정 작풍의 영향으로 좁힐 필요가 있다. 이를 일본 유행가 전체의 미학적 지배, 나아가 레코드 산업 전체의 경제적 지배라고 선험적으로 단정하는 것은 너무 막연하다. 예를 들어 온도(音頭) 같은 일본 대중음악의 갈래는 조선 유행가에 별다른 영향을 미치지 못했다. 게다가 일본 류코카는 조선 유행가와 마찬가지로 엘리트와 지식인에게 지속적으로 비판과 멸시를 받은 대상이었기 때문에, 적어도 일본의 식민주의자 지배계급이 조선 대중문화에 그것을 의도적·계획적으로 주입했다고 보기도 힘들다.

똑같이 일본의 식민지였던 조선과 대만을 비교해 보는 것도 의미가 있다. 대만은 조선보다 앞서 1895년부터 일본 식민지가 되었고 그에 대한 저항도 비교적 덜했지만, 일본 대중음악으로부터 받은 영향은 조선에 비해 훨씬 작다. 따라서 음악적 영향과 교류의 복잡한 관계를 '이식'이라는 한 단어로 설명하는 것은 무리라고 할 수밖에 없다. 지리적 근접성이나 언어적 친연성 등도 종합적으로 고려해야 할 텐데, 이러한 요인들은 식민 지배보다 훨씬 오래전부터 존재해 왔다.

한 예로 〈술은 눈물일까 한숨이랄까〉는 채규엽의 조선어 버전이 발표된 1932년에 춘춘(纯纯)의 〈술은 눈물이기도 한숨이기도(燒酒是淚也是吐氣)〉라는 대만어 버전도 발표되었지만, 조선만큼 파장을 일으키지는 못했다. 대만어도 한자를 사용하는 중문에 기초하므로, 일본어를 번역하거나 번안하는 일이 조선어보다 상대적으로 쉽지 않다. 일본어와 조선어는 교착어고 중국어는 고립어라는 언어학적 특징을 고려한다면, 일본어와 중국어는 서로 번안 가능성(coverability)이 상대적으로 작다는 뜻이다.

고가 마사오 작품에서 엔카의 형식미가 엄격한 작풍이 가장 유명한 것은 분명하지만, 그의 음악은 사실 매우 다양하다. 〈술은 눈물일까 한숨이랄까〉보다 11년 뒤 1942년에 발표된 〈영춘

화(迎春化)〉의 멜로디는 저속한 엔카 작곡가의 작품이라는 사실을 믿을 수 없을 정도로 우아한 예술가곡 느낌을 주는데, 이는 전시 상황을 배경으로 만들어진 곡이므로 상세한 이야기는 뒤로 미룬다. 그 중간 시점인 1936년에 발표된 작품 〈도쿄 랩소디(東京ラプソディ)〉는 또 다른 스타일이다. 허무·비탄·염세라는 엔카 정서와는 전혀 다르게, 만돌린 오케스트라가 연주하는 경쾌한 폭스트로트 리듬 위로 후지야마 이치로의 노래가 물 흐르듯 유려하다. 가사는 도쿄 여기저기 모던한 장소를 경쾌하게 활보하는 느낌을 그려 낸다. 1936년이면 스윙이라는 재즈의 새로운 경향이 대두한 무렵이었지만, 1930년대 초까지 폭스트로트는 재즈의 지배적 리듬이었다. 그런 점을 고려한다면 〈도쿄 랩소디〉에서 재즈의 희미한 흔적을 더듬어 보는 것도 무리한 시도는 아니다.

〈도쿄 랩소디〉 역시 〈꽃서울〉이라는 제목으로 조선어 번안곡이 나왔다. 노래를 부른 사람은 가수·연주가·작곡가·악단장으로 1930년대 중반 이후 조선 대중음악계를 혁신했던 천재이자 풍운아인 김해송(金海松)이다. 〈꽃서울〉 가사도 '칵텔(cocktail)'이나 '샨데리아(chandelier)', '페부멘트(pavement)' 같은 모던한 단어들로 채워져 있다. 그런데 〈꽃서울〉에는 〈술은 눈물일까 한숨이랄까〉와 다른 점들이 있다. 하나는 원곡과 번안곡의 레코드 발표 시점이 한 달밖에 차이가 나지 않는다는 점이고, 다른 하나는 원곡이든 번안곡이든 조선에서 〈술은 눈물일까 한숨이랄까〉 같은 큰 반응은 얻지 못했다는 점이다. '이식'이라는 말을 써서 풀어 보자면, 이식하려는 의도는 있었지만 효과는 다소 기대 이하였다고 말할 수 있다.

1930년대 중반까지를 살펴볼 때 가장 중요한 조선 유행가는 아무래도 1935년에 손목인이 작곡하고 이난영(李蘭影)이 노래한 〈목포의 눈물〉이다. 이 곡은 작품 양식이나 인기 면에서 모두 조선 유행가를 대표하는 곡으로 기억된다. 이난영은 1936년 12월에 김해송과 부부의 연을 맺었는데, 아내이자 엄마라는 관습적 삶과 무대와 레코드 스타, 후대 용어로 팝 스타라는 선구적 삶을 모두 성공적으로 살아 냈다. 자신의 성공에 더해 자녀들까지 해외에 진출한 자랑스러운 대한민국의 대중음악가로 키워 냈기에, 거의 모든 한국인이 사랑하는, 누구도 미워하지 않는 존재로 지금껏 기억되고 있다.

그런데 가사나 비음 섞인 이난영의 독특한 창법을 일단 제외한다면, 〈목포의 눈물〉은 고가 마사오가 확립한 엔카 혹은 류코카 양식에서 크게 벗어나지 않는다. 작곡가 손목인은 김해송과 더불어 재즈의 선구자, 작곡가이자 악단장으로 활동했지만, 정형화되고 규격화된 엔카풍 유행가도 다수 작곡했고 이는 김해송도 마찬가지였다. 단 1935년은 정형화가 이제 막 확립된 무렵이었기 때문에 당시 청자들의 느낌은 후대 청자들과는 달랐으리라고 추정한다.

그런데 흥미로운 점은 〈목포의 눈물〉의 장르, 이른바 곡종이 유행가가 아닌 신민요, 정확하게는 '당선지방신민요'로 레코드에 표기되어 있다는 사실이다. 이는 그 가사가 향토 노래 공모에서 당선된 아마추어 작사가의 작품임을 드러내는 정보로는 적절하지만, 악곡의 형식과 음악적 특징을 나타내는 정보로서는 부적절하다. 당시 유행가와 신민요는 음악적으로 차이가 있는 별도 장르였고, 어느 정도는 경쟁적이었기 때문이다. 이난영이 〈목포의 눈물〉보다 1년 먼저 발표한 〈봄맞이〉가 작풍으로는 신민요에 좀 더 가깝지만 레코드에는 유행가라고 표기되어 있는 점도 마찬가지다. 음악적으로만 따진다면 두 곡은 곡종을 정반대로 쓴 셈이다.

따라서 1930년대 이후 조선에서 형성된 대중음악의 곡종을 전반적으로 검토할 필요가 있다. 당시 곡종으로는 유행가·신민요·재즈송·만요(漫謠) 등이 존재했다고 알려져 있다. 이들 가운데 만요는 음악 양식으로서 변별점은 사실상 없고, 재즈송은 유행가와 신민요보다는 뒤늦게 유행한 데다 레코드로 제작된 작품 수도 훨씬 적다. 따라서 조선에서는 유행가와 신민요가 양대 장

이난영의 〈목포의 눈물〉과 〈봄맞이〉

르로 대중음악의 '근대'와 '전통'을 각각 표상했다고 말할 수 있다. 두 용어는 일본 대중음악에도 존재했고, 근대와 전통을 표상하는 점도 비슷했다. 다만 조선에서는 그 근대가 서양보다는 일본을 더 많이 가리켰다는 점에서 차이가 있다.

신민요에 관해서는 "양식적으로 지역 민요의 억양을 고루 취하되 양악의 그것도 절충한 노래"[3]라는 정의가 무난하다. 그렇지만 신민요에서 '신(新)'과 '민(民)' 중 어디에 방점을 두는지에 따라 그 성격에 관한 해석은 달라진다. 전근대부터 농촌 공간에서 향유되던 민요와 근대 이후 도시 공간에서 향유되던 잡가(雜歌)를 신민요의 기원으로 생각해 볼 수도 있다. 그렇지만 '신'이라는 접두어에서 알 수 있듯이 신민요는 '새로운', 즉 '근대적' 대중음악의 한 갈래였고, 작품 창작과 레코드 제작에 관여한 이들에겐 거의 모두 양악을 훈련받은 배경이 있었다.

신민요에는 유명한 작품이 여럿 있지만, 전통을 표방하는 속성상 조선을 넘어 알려진 경우는 많지 않다. 그러나 한 곡만은 예외인데, 다름 아닌 영화 주제가 〈아리랑〉이다. 미국인 학자 테일러 앳킨스(E. Taylor Atkins)가 〈아리랑〉을 "일본의 팝 히트곡(pop hit)이 된 조선의 저항 송가"[4]라고 묘사한 것은 당시 신민요의 성격을 잘 표현해 준다. 다만 그가 여기서 쓴 'pop hit'는 미국 대중음악의 히트곡을 말하는 게 아니라 '상업적으로 유행한 노래'라는 뜻에 가깝다.

나운규가 1926년 무성영화 〈아리랑〉을 만들었을 때 영화 속에서 불린 '본조(本調) 아리랑'이 즉각 큰 반향을 일으키기는 했지만, 레코드로 발매된 때는 1929년 이후다. 이 곡은 1931년부터 일본어로 번안되기도 했는데, 가장 상징적 작품을 꼽자면 하세가와 이치로, 즉 채규엽이 일본 당대 최고의 여가수 아와야 노리코(淡谷のり子)와 듀엣으로 부른 〈아리랑의 노래(アリランの唄)〉다. 이에 관해서는 아무래도 해석이 분분할 수밖에 없다. 〈목포의 눈물〉로 일약 스타덤에 오른 이난영은 1936년 일본에서 〈목포의 눈물〉 일본어 번안곡 〈이별의 뱃노래(別れの船歌)〉를 불렀는데, 이 곡과 함께 같은 레코드에 수록된 곡도 〈아리랑의 노래(ア

〈이 풍진 세월〉과 〈사의 찬미〉의 레코드. 왼쪽은 닛치쿠,
오른쪽은 닛토(日東)라는 레코드 회사 혹은 레이블에서 발표되었다.
닛치쿠는 콜럼비아레코드로 계승된다.

リランの唄)〉였다.

조선에서 유행가와 신민요 두 용어가 고정된 의미로서 정확하게 레코드에 새겨진 때는 1932년을 지나면서부터다. 그 전까지는 신식창가·유행창가·유행소곡·서정소곡 등 여러 가지 표기가 어지럽고 치열하게 경합했다. 예를 들어 1932년에 이애리수(李愛利秀)의 목소리로 발표된 〈황성(荒城)의 적(跡)〉에는 '유행소곡', 1929년에 발표된 〈낙화유수〉에는 '유행창가'라는 곡종이 붙어 있다. 이 곡들은 2박자가 아닌 3박자에 기초한 곡이라서, 선율은 현대적이고 일본적인데 리듬은 전통적이고 조선적으로 들리는 절충적 면이 있다. 〈낙화유수〉는 느낌상 유행가보다 동요에 가깝기도 한데, 동요라고 해서 일본의 영향이 없었다고 할 수는 없다.

그래서 한국에서 최초의 대중가요를 찾으려는 집요한 시도는 때로 무용한 듯하다. 서로 갈래가 달랐던 노래들을 하나의 계열로 몰아넣고 그 가운데 맨 처음을 찾으려고 하기 때문이다. 예를 들어 1926년에 레코드가 발표된 〈사의 찬미〉를 최초의 대중가요라고 주장하면 1923년에 발표된 〈이 풍진 세월〉이 최초가 아니라고 반박하기 힘들어진다. 그렇지만 그보다 먼저 〈카츄샤의 노래〉가 1916년부터 대중적 인기를 누렸다는 기록 앞에서는 〈사의 찬미〉도, 〈이 풍진 세월〉도 최초라고 주장하기 힘들다. 게다가 세 곡의 음악적 곡조 모두 조선인이 창작하지 않았다.

유행가나 신민요라는 장르가 선명한 형식으로 정의되기 이전, 노래 녹음의 흐름을 개략적으로 정리하면, 1920년대 중반까지는 전통 연희와 긴밀히 연관된 명창 소리의 기계식 녹음이 대세였고, 이후 1920년대 후반부터 1930년대 초까지는 영화나 신파극과 연관된 신식 노래의 전기식 녹음이 조금씩 늘어났다고 할 수 있다. 앞 시기를 지배했던 레코드 회사는 닛치쿠와 닛토(日東)였고, 뒤 시기를 지배했던 레코드 회사는 닛치쿠를 이은 콜럼비아와 미국계 일본 회사 빅터였는데, 이제까지 예로 든 레코드 레이블들을 다시 살펴보면 그런 흐름을 충분히 짐작할 수 있다.

〈낙화유수〉, 〈유랑인의 노래〉, 〈아리랑〉 등은 테크놀로지와 산업의 변화를 고려하면 그 의미를 더 명확히 이해할 수 있다. 또한 1919년과 1926년에 조선에서는 독립 만세 운동이 일어났고, 1929년에는 세계적으로 대공황이 엄습했으며, 1931년에 만주사변이 발발하면서 세상이 어지러워졌는데, 이러한 역사적 배경도 이 시대를 이해하는 데 유용할 터다.

그 점에서 1932년 설립되어 1933년 영업을 시작한 오케(Okeh)레코드의 존재는 특별하다. 콜럼비아·빅터·폴리돌(Polydor) 등 구미계 일본 레코드 회사들이 시장의 강자로 앞서 자리를 잡았지만, 오케레코드는 조선인 이철(李哲)이 지점장이자 발행인으로 활약하면서 1930년대 중반 조선 대중음악계에 파란을 일으켰다. 물론 오케레코드가 이른바 민족자본이나 민족기업인지는 명확하지 않다. 부분적으로 조선인 자본이 참여했을 가능성도 있지만, 식민지 조선에서 많은 것이 그렇듯 이 문제도 회색 지대(grey zone)에 속한다. 설립 당시 조선인 자본 참여가 있었다 할지라도, 1936년 말에는 오케레코드 경영권에 변화가 발생하며 이철이 경영 일선에서 일단 물러났기 때문이다.

오케레코드의 대표 히트작이 이난영의 〈목포의 눈물〉이며, 그 외에도 수많은 가수와 연예인이 오케에서 기획한 레코드를 통해 스타가 되었다. 조금 나중이지만, 1938년 김용환(金龍煥)이 작곡한 신민요 〈꼴망태 목동〉을 노래한 이화자(李花子)와 박시춘이 작곡한 〈애수의 소야곡〉을 노래한 남인수 두 사람은 뒤에 각각 '신민요의 여왕', '가요 황제'라는 칭호를 듣는다. 물론 오케레코드 외에 다른 레코드 회사들도 많은 성과를 남겼고, 한 가수가 여러 레코드 회사로 소속을 옮기는 일도 있었다.

1930년대 초까지는 조선 대중음악계에 '스타 시스템'이 확립되지 않았다. 그래서 대중가요의 효시를 논할 때 흔히 언급되는 작곡가 김서정(金曙汀)과 가수 김연실(金蓮實), 이정숙(李貞淑), 이애리수 등은 그 뒤에 등장한 세대에 비하면 경력이 그렇게 화려하지 않다. 즉, 당시 대중음악계에 장르와 시스템의 변화 그리고 세대교체 현상이 뚜렷하게 나타났다는 뜻이다. 지금도 중요하게 기억되는 조선 유행가 대표 인물들은 대체로 1910년대 출생이고, 그보다 앞서 태어난 이는 많지 않다. 그에 비해 일본에서는 1904년에 태어난 고가 마사오를 비롯해 주요 인물들의 출생 시점이 조선보다 다소 앞섰다. 이러한 사실은 일본과 조선 대중음악 사이에 있었던 시차와 영향 관계에 관해 알 수 있는 의미 있는 정보라고 할 수 있다.

고가 마사오와 채규엽의 사례는 일본과 조선을 물리적으로 이동하면서 음악 활동을 전개한 경우지만, 그 전부터도 접촉·조우·교류는 많았다. 그 예로 〈카츄샤의 노래〉를 보다 상세히 살펴보려고 한다. 이 곡과 관련된 인물들은 채규엽이나 고가 마사오보다 세대가 앞선다.

제도(帝都)의 행진곡과 온도(音頭)

동아시아 최초의 대중가요를 굳이 따진다면, 일본에서 1914년에 레코드로 발표된 〈카츄샤의 노래(カチューシャの唄)〉라고 할 수 있다. 이 곡을 최초로 꼽는 가장 큰 이유는 레코드가 수만 장이나 판매될 정도로 크게 히트했다는 엄연한 사실 때문이다. 가사도 곡조도 동아시아인인 일본인이 창작했음은 물론이다. 하지만 동아시아 최초라는 말이 공식적인 기록은 아니다. 그 시점에 동아시아 다른 나라에서는 그런 사건이 일어나지 않았기 때문에 사후적으로 붙이는 말일 뿐이다. 하지만 팝 음악을 넓게 정의한다면 동아시아 팝 최초의 레코드라고 할 수도 있다. 사실 일본이 아니라면 1914년 동아시아 다른 곳에서 이런 사건이 일어나기는 힘들었을 것이다.

히트라고는 했지만, 21세기는 물론 20세기 후반기 기준의 히트와는 거리가 있다. 레코드 회사나 엔터테인먼트 회사가 치밀하게 기획하여 사전에 공지한 다음 '짠' 하고 발표한 것이 아니기 때문이다. 이 곡은 연극의 주제가였고 연극에서 주연을 맡았던 배우 마쓰이 스마코(松井須磨子)가 무대에서 먼저 직접 노래하고 이후에 레코드에도 녹음을 남겼다. 흥행 면에서 연극과 레코드 가운데 전자가 먼저였던 셈이다. '카츄샤'라는 이름에서 짐작하듯 러시아 작가 톨스토이(Лев Никола́евич Толсто́й)의 소설 《부활(Воскресение)》을 각색한 작품이었기 때문에, 1914년에 발매된 레코드에는 제목이 〈부활 창가(復活唱歌)〉로 표기되어 있기도 했다.

〈카츄샤의 노래〉 가사는 시마무라 호게쓰(島村抱月)와 소마 교후(相馬御風)가 함께 썼고, 두 사람 모두 문인이었다. 그래도 작사자로는 시마무라가 아무래도 더 많이 기억되는데, 그가 〈부활〉을 상연한 극단 게이주쓰자(藝術座)를 이끌었기 때문이다. 일본 신극 운동의 주역이었던 그는 〈부활〉 상연 이전에 마쓰이 스마코와 연애하면서 스캔들을 일으켰다. 시마무라는 1918년 마흔일곱에 스페인 독감으로 추정되는 폐렴에 걸려서 급사했고, 마쓰이 스마코는 두 달 뒤 1919년 초에 그를 따라 32세 나이로 자살했다.

이 정도 스토리면 실로 대중문화 현상으로 손색이 없다. 이런 일이 영어를 사용하는 사회에서 일어났다면 '팝 컬처'라고 불려도 전혀 이상한 일이 아닐 것이다. 〈카츄샤의 노래〉가 레코드로 히트를 기록한 데에는 이런 배후 스토리도 알게 모르게 작용했

〈카츄샤의 노래〉의 레코드(왼쪽)와 악보 표지(오른쪽). 오리엔트라는 레이블의 상징으로는 터번을 쓰고 낙타를 탄 아랍 남성이, 노래 내용을 설명하는 이미지로는 사라판을 입은 러시아 여성이 그려져 있다.

을 듯하다. 그래서 100년도 더 지난 시점에 이 곡을 들으면서 멜로디가 밋밋하다거나, 후렴 없이 다섯 절이 반복되어 단조롭다거나, 마디 구조가 분명하지 않다거나, 가수 목소리가 모깃소리처럼 가늘고 힘이 없다고만 느낀다면, 대중음악을 논할 자격이 충분치 않다.

일단 소리에 집중해 본다면, 이때는 전 세계적으로 아직 기계식 녹음 방식을 사용했다. 소리의 물리적 진동을 바늘로 직접 디스크 위에 기록하는 방식이다. 축음기는 대개 전기 없이 태엽으로 작동했고, 1920년대 중반 이후 전기식으로 전환되기 전까지는 소리를 모으는 깔때기 같은 장치로 녹음할 수밖에 없었다. 당연히 마이크로폰(마이크)도 없을 때다. 그러니 그런 레코드에 기록되어 지금 사람들이 듣는 소리는 당시 연극 무대와 녹음 스튜디오 현장에서 당대 사람들이 들었던 소리와 판이하다고 생각해야 한다.

〈카츄샤의 노래〉는 한 절이 A-B-A 악곡 형식이고, 그것이 다섯 번 반복된다. 처음 접하는 사람이 그 구조를 파악하기 위해서는 몇 번 반복해서 들어야 하며, 일본어를 알아듣지 못한다면 듣는 횟수가 늘어날 것이다. 이 곡보다 뒤에 나온 노래일수록 일본어를 몰라도 악곡 형식을 파악하는 데 필요한 시간은 훨씬 짧아진다. 그 이유 가운데 중요한 하나는 〈카츄샤의 노래〉에는 한 절이 끝나고 다음 절이 시작할 때 간주가 없을 뿐만 아니라, 녹음된 소리 전체에 악기 소리, 즉 기악이 없기 때문이다. 동아시아 최초의 대중음악 레코드에는 가수의 노래, 즉 성악 말고는 다른 소리가 없다.

그래서 레코드에 녹음된 이 노래를 들을 때는 무엇보다 노래

〈카츄샤의 노래〉의 간략한 악보

선율이 선명하게 다가온다. 선율을 이루는 음들은 장조 5음계인데 이를 굳이 '일본의 전통적 요나누키(ヨナ抜き) 음계'라고 말하는 경우도 있다. 요나누키란 사실 특별한 무엇을 표현한 것이 아니라 7음계 일곱 음 가운데 네 번째(요)와 일곱 번째(나)가 빠져(누키) 있다는 뜻이다. '도레미솔라'로 이루어진 그런 음계가 일본에만 있는 어떤 전통과 직결된다는 생각은 당연히 무리다. 오히려 이 무렵 일본에서 발표된 다른 레코드에 기록된 가창과 비교해 보면 음의 높낮이가 분명한 편이라, 전통이 아닌 현대에 가깝다. 곧 길이를 연장하고 형식을 다듬으면 예술가곡처럼 만들 수도 있다. 실제로 이 노래 작곡자는 서정적 예술가곡도 많이 발표했다.

작곡자의 이름은 나카야마 신페이. 1887년에 태어났으니 1886년생인 마쓰이 스마코와 연배가 비슷하다. 도쿄음악학교를 졸업한 뒤 소학교(초등학교) 음악 교원으로 일하면서 작곡 활동을 하다가 극단 게이주쓰자에 참여했다. 20대 중후반에 히트곡 작곡가가 된 셈이고 그 뒤로 몇몇 작품을 더 발표했지만, 극단이 해체된 뒤에는 다시 아이들에게 창가를 가르치는 한편 동요도 다수 작곡했다. 1922년에 교직을 그만두고 직업적 작곡가의 길을 모색하다가, 1928년에 빅터레코드와 전속 작곡가로 계약을 맺는다.

이러한 이력으로 비추어 대중음악 여명기에 음악인이 어떤 삶을 살았는지를 알 수 있다. 아직 대중음악이라는 개념이 뚜렷하지 않은 때였고 음악인들은 여러 장르를 오가며 작곡과 연주를 했다. 그런 상황이 크게 달라진 때는 1920년대 중반 이후인데, 전기식 레코딩 도입이라는 기술적 전환으로 촉발된 레코드 산업의 변화 때문이었다. 국내 기업들이 주도하고 있던 일본 레코드 산업에도 자본과 기술을 앞세운 외국계 레코드 회사가 속속 진출하게 되었고, 대표적으로 미국계 빅터레코드, 영미계 콜럼비아레코드, 독일계 폴리돌레코드 등이 있었다. 직접 진출인지 자본 제휴인지 기술 제휴인지는 경우에 따라 달랐고 또 시간이 지나면서 변하기도 했다.

나카야마 신페이 작품 가운데 1929년에 발표된 〈도쿄 행진곡(東京行進曲)〉도 그의 대표작이다. 시인이자 작사가로 이름을 날리고 와세다대학(早稻田大學) 교수가 되기도 한 사이조 야소(西條八十)가 가사를 쓰고, 사토 치야코(佐藤千夜子)가 노래를 불렀다. 이 곡은 1923년 간토(關東) 대지진으로 큰 피해를 입은 도쿄가 근대 대도시로 재건된 모습을 묘사한다. 긴자(銀座)·아사쿠사(淺草)·신주쿠(新宿) 등 지명과 재즈·러시아워·지하철·데파트 등 근대 문물이 등장하는 가사는 '도쿄 모던'을 여실히 보여 준다.

그런데 제목에 '행진곡'이라는 단어가 들어 있기는 하지만 〈도쿄 행진곡〉은 통상 생각하는 행진곡풍과는 거리가 있다. 사실 이 시기 행진곡은 하나의 유행처럼 여러 지명과 결합해 노래로 만들어졌다. 지금 시점에서 인상비평을 한다면 '명랑한 엔카' 정도로 들린다. 이 곡은 이른바 비탄조 노래가 아니라서 엔카의 전형이라고 하기 힘들지만, 그래도 엔카라는 이름이 떠오르는 이유는 단조 5음계가 선명하기 때문이다. 단조 5음계도 세계 각지에서 발견되기는 하나, '라도레미솔'이 아닌 '라시도미파'로 구성된, 이른바 요나누키 단음계는 일본과 강하게 연관된다. 요나누키 단음계는 에도(江戶) 시대 도시 지역에서 형성된 미야코부시(都節) 음계와 유사한 면이 많은데, 미야코부시라는 개념이 등장한 때도 일본이 근대에 들어선 이후인 19세기 말이기는 하다.

어쨌든 일본의 유행가, 후대에 엔카라고 정의되는 양식을 장조 5음계와 연관 짓기는 힘들지만 단조 5음계와 연관 짓기는 쉬운 듯하다. 물론 음악의 특징에서 음계가 전부는 아니니 다른 요소들도 아울러 살펴보아야 한다. 〈도쿄 행진곡〉은 네 마디가 한 악절을, 네 악절이 노래 한 절을, 한 절이 네 번 반복되면서 하나의 악곡을 구성한다. 유기적으로 잘 짜인 구조로, 이후 수십 년 동안 무수한 일본 유행가에서 기본 형식으로 채택된 틀이다. 이 곡이 최초인지는 불확실하지만 초기 작품들 가운데 하나 정도는 될 것이다. 피아노가 이끌고 관악기가 받쳐 주는 기악으로 이 곡의 장르를 재즈라고 부르기는 힘들지만, 가끔씩 재지(jazzy)한 분위기를 만들어 내는 대목들이 등장한다.

1910년대 중반부터 1930년대 중반까지 레코드로 발표된 나카야마 신페이의 작품들은 동아시아 대중음악의 초석을 놓았음이 분명하다. 1921년에 발표된 뒤 1923년부터 여러 가수의 레코드가 나온 나카야마 신페이의 〈뱃사공 노래(船頭小唄)〉는 엔카의 전형이라고 해도 좋을 만큼 슬프고 감상적이다. 당연히 조선에서 번안곡이 나왔고, 김소월(金素月)의 시에도 등장했을 만큼 유명한 노래였다. 나카야마 신페이는 2000곡에 가까운 많은 작품을 남겼지만 1914년 〈카츄샤의 노래〉, 1923년 〈뱃사공 노래〉, 1929년 〈도쿄 행진곡〉 세 곡만 들어 보아도, 그가 일본 대중음악 초기 역사의 중요한 시점에 한 획을 그었다는 인상을 받기에는 충분하다.

나카야마 신페이가 주요 작품을 발표한 시점 사이사이에는 동아시아에 영향을 미친 거대한 사건들이 발생했다. 1914년 제1차 세계대전 발발을 시작으로 1917년 러시아 혁명, 1918년 스페인 독감 유행, 1919년 조선의 3·1운동과 중국의 5·4운동, 1923년 간토 대지진, 1925년 일본 치안 유지법 제정, 1926년 쇼와(昭和) 시대 개막, 1927년 상하이 쿠데타(4·12사건), 1928년 치안 유지법 개정, 1929년 세계 대공황, 1931년 만주사변 발발과 이듬해 만주국 수립까지, 말 그대로 파란만장하다. 정치에 초점을 맞추는 거시사와 일상에 초점을 맞추는 미시사를 연결한다면 당시 시공간을 더 입체적으로 조망할 수 있을 것이다.

그런데 일본인들에게 나카야마 신페이 작품 가운데 가장 유명한 곡을 하나만 꼽으라고 하면 위 두 곡이 아닌 다른 곡을 선택할 가능성이 높다. 바로 1933년에 발표된 〈도쿄 온도(東京音頭)〉라는 노래다. 한 해 전 다른 제목으로 발표된 곡을 개작하고 재발표해서 엄청난 히트를 기록한 곡으로, 2021년 도쿄 하계 올림픽 폐막식에서 연주될 정도로 일본의 전통을 상징하는 노래로 공인되어 있다. 게다가 일본 프로 야구팀 야쿠르트 스왈로스와 프로 축구팀 FC 도쿄의 응원가이기도 하니, 야구나 축구를 좋아하는 젊은 사람들도 이 곡을 접할 기회가 많다. 그리고 결정적으로 일본에서 8월에 열리는 본오도리(盆踊り)가 무엇인지 아는 사람이라면, 그리고 그 왁자지껄한 마쓰리(祭り)가 일본 사회에서 지니는 의미를 아는 사람이라면 이 곡을 모르기 힘들다. 온도는 본래 전체 음악을 이끄는 독창이나 독주 부분을 가리키는 말인데, 본오도리와 결합하면서 많은 사람이 함께 둥글게 돌며 추는 춤의 배경음악을 가리키게도 되었다. 그래서인지 한국의 음악 스트리밍 서비스에서는 〈도쿄 온도〉를 '도쿄 춤곡'으로 번역해 놓고 있다.

〈도쿄 온도〉는 대단히 유행하기는 했지만 레코드에는 유행가가 아니라 '신소패(新小唄)'라고 표기되었다. 소패, 즉 고우타(小唄)는 에도 시대 말기에 유행한 간단한 속곡을 두루 칭한 명칭이므로, 신소패는 신민요와도 어느 정도 통하는 곡종이라고 할 수 있다. 유행가와 신민요의 차이에 관해 '가수 옷차림이 양장인가 기모노인가의 차이'라고 일단 비유해 본다. 물론 거기에만 그치지는 않겠지만, 가수 옷차림은 음악 장르에서 결코 사소하지 않은 요소다. 〈도쿄 온도〉를 부른 가수 중 고우타 가쓰타로(小唄勝太郎)는 항상 기모노를 입고 노래를 불렀는데, 게이샤(藝者)로 활동하다가 가수로 데뷔했기 때문이다. 샤미센과 다이코(太鼓) 등 일본 전통 악기가 반주에 편성된 것은 음악 양식을 비롯해 가수의 이력으로 보아도 자연스럽다. 〈도쿄 행진곡〉과 비슷한 단조 5음계를 기본으로 하면서도 〈도쿄 온도〉가 매우 다른 느낌을 주는

왼쪽은 1933년에 발표된 〈도쿄 온도〉 SP 레코드.
오른쪽은 2020년에 발표된 〈본오도리 베스트: 모두 춤추자(盆踊りベスト みんなで踊ろう!)〉
CD로, 〈도쿄 온도〉를 비롯한 여러 가지 〈○○ 온도〉가 실려 있다.

것도 게이샤·기모노·샤미센 같은 요소와 관련이 깊다. 도식적으로 보면, 유행가는 근대를 신민요는 전통을 각각 상징했다. 그냥 과거의 전통이 아니라 당대에 살아 있는 전통이니 '신'이라는 수식어를 붙였을 것이다. 옛것을 원형 그대로 전승하는 데 그치지 않고 변형하여 새롭게 창작했다는 뜻이다. 작사자는 〈도쿄 행진곡〉 가사를 쓰기도 했던 사이조 야소이므로, 대중음악 여명기 작가들은 근대적 유행가와 전통적 신민요라는 장르를 엄격하게 가리지 않았다고도 해석할 수 있다.

이러한 흐름이 일본에만 국한되고 일본 밖에서는 별다른 영향을 미치지 않았으리라고 생각할 수도 있다. 이제까지 언급한 작품들이 일본 밖에서도 널리 알려졌는지 의문도 들 것이다. 일본 밖에서 나카야마 신페이는 고가 마사오나 뒤에 나올 핫토리 료이치(服部良一)보다는 덜 유명하다. 그렇지만 당대에 나카야마 신페이라는 인물과 그 작품이 전혀 알려지지 않았던 것은 당연히 아니다.

우선 조선에서는 〈카츄샤의 노래〉와 〈도쿄 행진곡〉 모두 번안곡으로 유행했다. 온도가 번안된 예는 없었지만, 그렇다고 해서 조선인들이 그런 음악을 전혀 모르지는 않았다. 1934년 봄 《조선일보》에는 〈사쿠라 온도(さくら音頭)〉 레코드 광고가 한 면 아래 단을 꽉 채워 실렸다. 〈도쿄 온도〉 후속작이라고도 할 수 있는 〈사쿠라 온도〉는 작사자만 다를 뿐 나머지는 〈도쿄 온도〉와 같은 조건으로 레코드가 발매되었다. 조선어 신문이 일본어 레코드 광고를 싣는 경우가 아주 없지는 않았지만 상당히 이례적인 일임은 분명하다. 또한 이를 일본 레코드 산업이 조선인들에게서도 일본어 레코드 판매 가능성을 보았던 증거라고 해도 과장은 아니다. 조선에 거주한 일본인의 소비만으로는 지금도 청계천 고물상이나 골동품 거래 웹사이트에서 쉽게 발견되는 당시 일본어 레코드의 존재를 설명하기 어렵다. 따라서 나카야마 신페이의 주요 작품들이 레코드를 듣고 신문을 읽는 조선인들에게

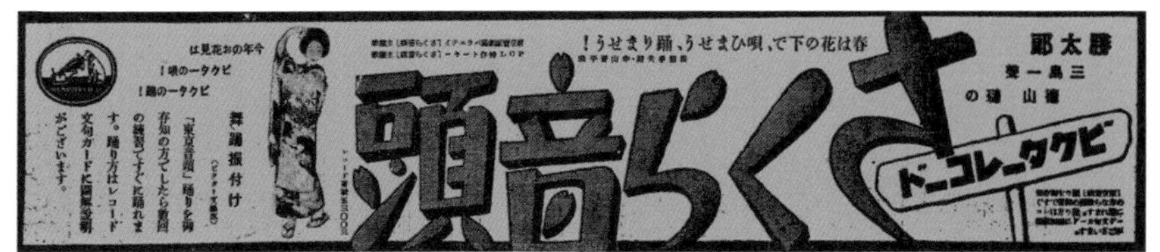

〈사쿠라 온도〉 신문 광고(《조선일보》 1934. 3. 6.)

상당히 알려졌다는 추정도 무리는 아니다. 동기가 무엇이고 성과가 어떠했든, 1910년대 중반부터 1930년대 중반까지 나카야마 신페이의 다양한 곡들은 조선에서 상당히 존재감이 있었다.

온도 관련해서는 조금 민감한 사례도 있다. 〈도쿄 온도〉처럼 다른 지역 명칭을 붙여서 〈○○ 온도〉라고 만들어진 곡이 많았는데, 일본 국내 지명을 붙인 곡뿐만 아니라 〈조선 온도〉, 〈대만 온도〉, 〈만주 온도〉까지 만들어지기도 했다. 제국의 일부인 외지(外地)로 불렸던 대만과 조선 그리고 사실상 외지로 간주되었던 만주였으니, 일본인들은 그리 심각하게 받아들이지 않을 수도 있다. 하지만 외지 후손들은 아무래도 불편할 수밖에 없다. 하지만 그런 데 불편을 느끼는 사람들의 조부모들 중 일부는 그때 온도를 들으면서 멋모르고 덩실덩실 춤추었을지도 모를 일이다.

조선뿐 아니라 대만에서도 〈도쿄 온도〉에 관한 생생한 기억을 구술 기록으로 확인할 수 있다. 대만에서 가수로 막 데뷔한 아이

아이(愛愛)는 1934년 봄쯤 레코드 취입(吹込), 즉 녹음을 위해 도쿄로 갔다. 아이아이는 배와 기차를 갈아타며 도합 닷새가 걸려 도착한 도쿄에서 그 근대적 정경에 매혹되었는데, 여기서 구술은 당시 가장 인상 깊게 들은 노래 〈도쿄 온도〉로 이어진다. "〈도쿄 온도〉로 난리였지. 그 곡은 춤추기 좋아. 시골에 가면 일본 사람들이 벚나무 아래 앉아 나무 밑에서 춤을 추고 놀았지." 약 70년이 지난 뒤에도 생생한 기억이다. 일본 신민요에 매혹되었던 이 소녀 가수가 활동했던 곳, 대만의 대중음악 이야기를 이제 해야 할 것 같다.

대만의 '민요풍' 유행가

2003년 대만에서 〈비바 토널, 춤추는 시대(Viva Tonal, 跳舞時代)〉라는 다큐멘터리 영화가 공개되었다. 1945년 이전 대만 대중음악의 역사 그리고 그 역사를 복원하려는 실천을 기록한 작품이다. 그런데 이 다큐멘터리의 내레이션과 대사는 중국어를 웬만큼 공부한 사람도 알아듣기가 쉽지 않다. 바로 대만어로 되어 있기 때문이다. 대만어는 1945년 이후 대만에서 표준어로 채택된 국어와 상당히 다른 언어이기 때문에, 푸젠 출신이 아니라면 대륙의 중국인도 자막 없이 이 영화 대사를 이해하기는 힘들다.

〈비바 토널, 춤추는 시대(Viva Tonal, 跳舞時代)〉 DVD 표지

영화도 영화지만, 영화에서 다루고 있는 1945년 이전 대중음악의 가사도 대부분 대만어다. 대만어는 한자를 사용해 중문으로 쓰지만, 언어는 1949년 이후 국어(대만)나 보통화(중국)가 아니다. 그래서 1949년부터 1987년까지 무려 38년 동안 이어진 계엄 기간에 대만 국민당 정권은 대만어 대중음악을 일치(日治) 시기, 요즘 한국식으로 말하면 일제강점기와 연관된 문화라는 이유 때문에 부정적으로 취급했다. 언어를 정치와 직결한 것이다.

이와 관련해 '일본이 떠난 뒤 대만을 점령한 국민당 세력도 대만을 식민지로 취급하기는 마찬가지였고, 오히려 더 나쁘기도 했다'는 대항 서사가 있기도 하다. 이를 집약한 표현으로 '개가 떠나니 돼지가 오더라(狗去豬來)'는 유명한 말이 있는데, 계엄이 해제되고 민주화가 진전되면서 공공연하게 언급되기 시작했다고 한다. 개는 집이라도 지킬 줄 알지만 돼지는 먹기만 하고 아무 일도 못 한다는 뜻이다. 1947년 2월 28일에 발생한 국민당 정권의 폭력적 대학살, 이른바 2·28사건으로 엄격하게 통제되었음에도 오랜 시간이 지나도록 그런 인식이 사라지지 않았던 셈이다.

이런 배경으로 장제스(蔣介石)와 국민당을 따라 대만으로 건너온 외성인(外省人)을 제외한 대다수 대만 주민, 본성인(本省人)은 국어보다 오히려 일본어에 익숙했다. 대중음악도 일본어나 대만어 가사가 익숙하지, 중국어 가사는 생경했다. 일본어 대중음악이야 그렇다 하더라도, 일상 언어로 만든 대중음악을 억압하는 정권을 전폭적으로 지지하기는 힘든 일이다. 오늘날 대만인들이 일치 시기에 만들어진 대만어 대중음악에 특별한 저항감이 없는 데에는 이런 거시적 맥락이 있다.

이러한 주제에 관해 쉽게 평가할 수는 없지만, 1945년 이전 대만에서 창작된 대중음악이 어떻게 기억되고 평가되는지를 관찰하고 서술할 필요는 있다. 〈비바 토널, 춤추는 시대〉에서 가장 인상적 인물은 〈도쿄 온도〉에 관한 기억을 남긴 가수 아이아이다. 1919년에 태어나 2004년에 작고했으니, 다큐멘터리가 조금만 늦게 촬영되었어도 소중한 기록을 남기지 못할 뻔했다.

그는 열다섯 살이던 1934년 콜럼비아레코드에 가수로 입사해서 몇몇 레코드에 목소리를 남겼다. 이후 회사 문예부에서 일하며 여러 곡을 작사한 저우톈왕(周添旺)과 1940년에 결혼했다. 결혼 이후로는 제2차 세계대전이 한창이어서 대만 레코드 산업이 정상적으로 작동할 수 없었기 때문에, 아이아이의 가수 활동은 10대 시절에 사실상 끝나고 말았다.

빅터레코드가 일으킨 〈도쿄 온도〉 열풍에 대응하여 대만 콜럼비아레코드가 '꽃망울(花鼓)'을 제목에 붙인 곡을 여럿 제작해서 발표했지만, 대만 밖으로까지 알려지지는 않았다.[5] 그러나 이런 노래들을 많이 부른 가수 춘춘(純純)에 관해서는 이 다큐멘터리 때문이 아니더라도 알아 둘 필요가 있다.

춘춘은 사실 대만어로는 이름이 '순순'에 가깝게 발음된다. 1914년생으로 아이아이보다 다섯 살 많다. 가난한 집안에서 태어나 대만 전통극 거자이시(歌仔戲) 극단에 들어가 노래와 연기를 익혔다. 베이징 경극(京劇)이나 광저우(廣州) 월극(粵劇)처럼 푸젠과 대만에서 성행한 전통 연희 거자이시는 영문으로 '대만 오페라(Taiwan opera)'라고 번역된다. 대만어 발음은 물론 '거자이시'

1933~1934년 대만 유행가 히트 3부작으로, 지금도 많은 대만인이 기억하고 있다.

와 상당한 차이가 있다. 1930년대 이후 유행가를 주로 부른 춘춘이지만 거자이시 한 대목을 녹음한 레코드도 다수 남겼고, 그때는 춘춘 대신 다른 이름을 사용했다.

춘춘이 일약 스타가 된 때는 1933~1934년 무렵이다. 대표작 〈달밤의 수심(月夜愁)〉, 〈봄바람 바라며(望春風)〉, 〈밤비에 지는 꽃(雨夜花)〉이 약 1년 사이에 연달아 발표되면서 새로운 유행가곡의 신데렐라로 떠올랐다. 세 곡 모두 작곡가 덩위셴(鄧雨賢)과 연관되는데, 〈달밤의 수심〉은 대만 선주민 노래를 편곡했다. 1933년에 발표한 〈춤추는 시대(跳舞時代)〉라는 곡은 당대에 이 세 곡만큼 인기를 누리거나 후대에 영향을 주지는 못했지만, 앞서 언급한 다큐멘터리의 제목이 되었다.

춘춘의 대표작을 작사한 이들은 저우텐왕 등 여러 사람인데,

중요한 것은 후대 용어로 'A&R(artists & repertiore)'이라는 기능이 그때도 적절하게 작동했다는 점이다. 일본인 가시와노 쇼지로(柏野正次郎)가 주도한 대만 콜럼비아의 제작 방식에서는 작사가와 작곡가를 안정적 콤비로 만드는 것 이상의 섬세함이 느껴진다. 그래서인지 다큐멘터리에서 가시와노에 관한 부정적 언급은 전혀 나오지 않는다.

〈달밤의 수심〉, 〈봄바람 바라며〉, 〈밤비에 지는 꽃〉은 각각 4분의 2박자, 4분의 4박자, 4분의 3박자(및 변형)로 되어 있다. 현재 감각으로 볼 때 댄스 그루브까지 느끼기는 힘들지만, 당시 상황에서는 모던하고 절도 있는 리듬으로 간주되었을 것이다. 그 무렵 춤이 남녀가 쌍쌍으로 추는 사교댄스였다는 점은 〈춤추는 시대〉 가사에 '道樂道'라는 단어가 등장하는 데서도 확인된다. 바로 트로트의 대만식 한자 표기로, 지금 한국에서 오래된 대중가요를 포괄하는 장르가 된 트로트가 아니라 폭스트로트를 말한다. 세 곡의 또 하나 공통적 특징은 5음계를 크게 벗어나지 않는 장조라는 점이다. 이는 당시 대만 유행가의 전반적 특징이라고도 할 수 있다. 단조보다는 장조가 압도적으로 많고, 단조라도 일본식 단음계 '라시도미파'는 거의 없고 '라도레미솔'이 훨씬 많다.

1935년에는 빅터레코드에서 슈롼(秀鑾)이 등장해 콜럼비아의

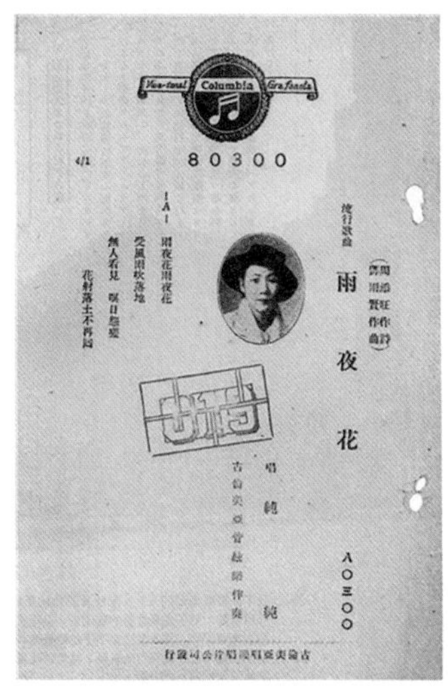

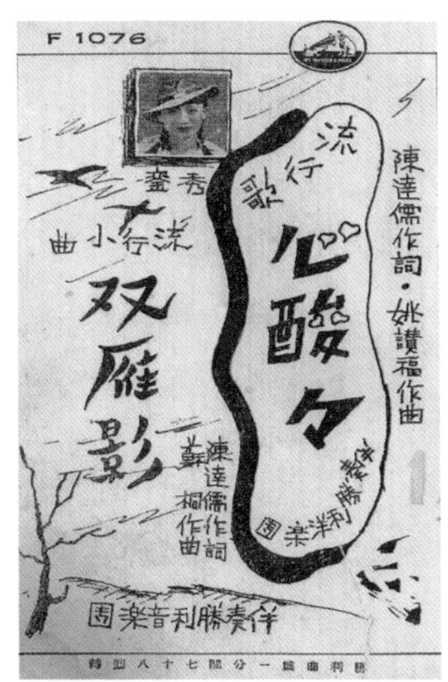

콜럼비아의 간판 가수 춘춘과 빅터의 간판 가수 슈롼의 레코드 가사지

춘춘과 라이벌 구도를 형성했다. 이듬해 발표된 그의 노래 〈쓰라린 마음(心酸酸)〉에서는 한층 다듬어지고 현대화된 창법을 느낄 수 있다. 콜럼비아에 소속된 춘춘이나 아이아이 등이 거자이시의 전통 창법을 유행가에 매력적으로 버무렸다면, 슈롼은 전통에서 벗어나려는 의지가 강해 보이고 그래서인지 현대에 들으면 일본 유행가에 더 가깝게 들린다. 그럼에도 슈롼이 부른 곡 역시 '라시도미파' 음계를 사용하지는 않았다.

이런 음악에 관한 이야기를 난생 처음 듣는 이들도 제법 있겠지만, 혹시 대만을 여행하거나 대만을 경유해 다른 곳으로 갈 때 에바 항공(Eva Airways)을 이용해 봤다면 분명 들어 보았을 법하다. 비행기가 활주로에 도착할 때 들리는 인상적 멜로디, 그 곡이 바로 〈봄바람 바라며〉다. 대만 사람들이 좋아하는 노래를 뽑을 때마다 지금도 1등을 차지하는 곡이다. 대만에서는 당연히 덩리쥔(鄧麗君) 노래가 1등일 것이라고 생각하겠지만, 예상과는 전혀 다른 결과다. 물론 덩리쥔도 춘춘의 대표작 세 곡 모두를 다시 녹음해서 부르기는 했다.

이 점이 사실 꽤 중요하긴 한데, 덩리쥔의 영향력은 한때 실로 엄청났기 때문이다. 덩리쥔이 부른 노래는 1960년대 후반 이후 살았던 중국인 거의 모두가 들었다고 해도 지나친 말이 아니다. 최소한 10억 명은 넘고, 그 밖에 일본인과 한국인 일부 역시 그의 노래를 즐겨 들었다. 외성인이었던 그는 (중)국어로 노래하는 경우가 많았지만, 뛰어난 언어 능력 덕에 대만어나 월어(광둥어), 일본어 가창에도 능했다. 세 곡 가운데 〈봄바람 바라며〉와 〈밤비에 지는 꽃〉은 대만어 그대로 불렀지만, 〈달밤의 수심〉은 (중)국어로 가사를 바꾸고 제목도 달리 붙여서 발표하기도 했다. 대만어 유행가는 이렇게 동아시아를 흘러 다녔다. 하지만 이런 모습은 빨라도 1960년대 중반 이후의 일이다.

덩리쥔에 의한 유행 이전에도 대만 유행가가 경계를 넘는 일

이 없지는 않았지만, 양상은 다소 달랐다. 〈밤비에 지는 꽃〉은 1938년에 〈영예로운 군부(譽れの軍夫)〉라는 제목으로 일본에서 레코드가 나왔다. 가사는 당연히 일본어로 바뀌었고, 일본 가수 기리시마 노보루(霧島昇)가 불렀다. 대만 청년들을 전쟁에 동원하려는 목적으로 만들어졌다. 몇 년 뒤 1942년에는 〈비 내리는 밤의 꽃(雨の夜の花)〉이라는 제목으로 바뀌어 와타나베 하마코(渡辺はま子)가 또 불렀다. 와타나베 하마코는 아와야 노리코, 후타바 아키코(二葉あき子)와 더불어 제2차 세계대전을 전후한 시기에 3대 여가수라는 칭호를 들었으며, 중국풍 노래를 많이 부른 것으로 유명하다. 개사를 맡은 인물이 사이조 야소고, 리듬이 4분의 4박자로 정돈된 점도 기록해 둘 만하다.

1940년에는 〈밤비에 지는 꽃〉이 상하이로 건너가서 뜻은 같지만 표현은 좀 다른 제목 〈야우화(夜雨花)〉로 바뀐다. '우'와 '야'의 순서를 바꾼 이유는 알 수 없다. 제목과 함께 가사도 바뀌게 되는데, 글자 표기가 같더라도 말은 완전히 달랐다. 상하이에서 〈밤비에 지는 꽃〉 레코드를 발표한 가수는 바이광(白光)이며, 그는 뒤에 언급할 상하이 7대 '가후(歌后)', 즉 노래의 여왕들 가운데 한 명이기도 하다.

대만에서 만들어진 노래가 상하이로 건너간 경우만 있었던 것은 물론 아니고, 반대로 상하이에서 만들어진 노래가 대만어로 바뀌어 녹음된 경우도 많다. 한 곡조가 아무렇지도 않게 경계를 넘어 다른 가사와 리듬을 만나 전혀 다른 의미를 만들어 냈던 셈이다. 저작권이 존중되기는커녕 저작권 개념이 제대로 있었는지도 의심되는 시대의 모습이다. 그것이 또 20세기 동아시아에서 경계를 넘나든 노래들의 일반적 특징이기도 했다.

대만과 상하이를 연결하는 끈은 대만 최초의 유행가에 관한 서사에도 등장한다. 1929년에 발표된 〈검은 고양이 행진곡(烏猫行進曲)〉 레코드 실물이 발견되면서 '대만 최초'라는 타이틀이 바뀌기는 했지만, 그 전까지 대만의 최초 유행가라고 알려진 곡은 춘춘이 1932년에 발표한 〈복사꽃 피울음(桃花泣血記)〉이었다. 이 곡은 같은 제목의 무성영화를 홍보하기 위해 만들어져 영화 상영 현장에서 연주되었는데, 영화 〈복사꽃 피울음〉은 롼링위(阮玲玉)와 진옌(金焰) 주연으로 1931년 상하이에서 제작되었다. 상하이에서 조우한 사람들이 만든 영화를 매개로 대만에서 두 번째 대중음악 레코드가 만들어졌으니 상하이가 마술적인 도시, 이른바 마도(魔都)였다는 말은 음악에도 적용될 수 있겠다.

대만 유행가가 이처럼 경계 밖에서도 알려지고 있을 때, 대만 안에서는 레코드 회사들이 하나둘씩 문을 닫거나 유명무실해졌다. 다큐멘터리 〈비바 토널, 춤추는 시대〉에 따르면, 콜럼비아레코드는 1939년에 레코드 제작을 중단했고 운영자 가시와노 쇼지로는 일본이 패전한 뒤 빈털터리로 대만을 떠났다고 한다. 그 와중에 1943년에는 춘춘, 1944년에는 덩위셴이 젊은 나이에 병사했다. 겨우 스물여덟 그리고 서른일곱 나이였다. 이들의 요절은 마치 1945년 이후 대만어 대중음악의 운명을 예고하는 것처럼 갑작스러웠다.

일본에서 발매된 1920~1940년대 대만 유행가 모음집 CD《축음 대만: 일본통치시대의 대만음악 1917~1943(蓄音臺灣: 日本統治時代の台湾音楽 1917-1943)》(Discologia, 2000)

그런데 시간이 흐르면서 이 다큐멘터리가 지나치게 콜럼비아레코드 중심으로 만들어졌다는 평가도 나오고 있다. 또한 춘춘과 슈롼이 각각 콜럼비아와 빅터를 떠나 대만 닛토레코드로 이적하여 같이 소속된 적이 있었는데, 다큐멘터리에서는 이 점에 관해서도 별다른 논평을 하지 않았다. 다만 한국에서는 대만의 옛 대중음악이 아직 간단한 소개 수준에 머물러 있으므로, 여기에서 더 깊이 살펴보기에는 무리가 따를 듯하다. 아무리 엄혹한 통제가 있었다고 해도 틈새에서 무슨 일이든 일어나기 마련이었으므로, 지금으로서는 그 시절을 쉽게 재단할 수 없다는 판단만 우선 확인할 뿐이다.

한 가지 더 살펴야 할 사실은, 이 시기 대만에서는 일본이나 조선과 달리 남성 가수의 역할이 두드러지지 않았다는 점이다. 남성은 창작을 맡고 여성은 연행(演行)을 맡는 엄격한 성별 분업이 이루어졌다. 이러한 경향이 중화권의 특징인지 그중에서도 남방의 특징인지는 확실하지 않다. 그러나 분명한 것은, 이후에 살펴볼 음악들에서도 이런 경향은 대체로 유지되었다는 점이다.

민국의 시대곡:
조계 상하이,
그 너머

마도의 재즈(爵士)와 모던(摩登) 가곡

중국 최초의 유행가곡 혹은 시대곡을 〈이슬비(毛毛雨)〉라고 기록하는 데 별다른 이견은 없다. 가사와 곡조는 리진후이(黎錦暉)가 만들었고, 1927년에 리밍후이(黎明暉)의 노래로 레코드가 발매되었다. 가수 리밍후이는 바로 리진후이의 딸이다. 20세기 동아시아인이라면 모를 수 없는 노래 〈야래향(夜來香)〉을 작사·작곡한 사람이, 리진후이의 동생이자 리밍후이의 삼촌인 리진광(黎錦光)이다. 심상치 않은 집안이라는 것은 분명하다. 이 인물들은 잠시 뒤에 더 살펴보도록 하겠다.

〈이슬비〉 레코드에는 발매 회사 이름이 '상해백대창편공사(上海百代唱片公司)'로 적혀 있다. 중국에서 창편(唱片)은 레코드, 공사(公司)는 회사를 뜻한다. 백대(百代)는 프랑스어 'Pathé'의 음차로 중국어 발음은 '바이다이'다. 프랑스의 파테 형제가 자신들의 성(姓)을 딴 이름으로 회사를 세웠다. 파테레코드는 프랑스에서 시작한 사업을 1906년부터 중국 상하이로 확장했다. 상하이 조계 가운데 프랑스 조계는 공공 조계와 구분되어 설치되었고, 파테레코드 건물도 그곳에 있었다. 파테레코드는 1928년에 영국 레코드 회사 EMI가 인수했지만, 회사 혹은 레이블 이름은 그 뒤로도 중국에서 오랫동안 존속했다. 백대라고 이름을 잘 지은 덕인 듯하다.

파테레코드 외에도 상하이에는 레코드를 제작·판매하는 회사가 꽤 있었다. 미국계인 빅터레코드, 즉 성리창편(勝利唱片)과 중일 합작으로 출범한 대중화레코드, 즉 다중화창편(大中華唱片) 등의 활동도 무시할 수 없다. 상하이가 일본에 점령된 1937년 이후에는 일본 레코드 회사도 중국에 진출했다. 그렇지만 상하이 유행가곡, 뒷날 시대곡이라고 총칭되는 중국 대중음악 고전들을 제작한 핵심 주체로 파테레코드의 지위가 흔들린 적은 없다.

리진후이는 5·4운동의 영향을 받은 지식인이었는데, 〈이슬비〉를 발표하기 5년 전인 1922년부터 이미 레코드를 발표하고 있었다. 하지만 리진후이의 초기 작품들은 본격적 대중음악이라고 보지는 않는데, 이유는 그 곡들이 '아동 가곡', 즉 동요로 분류되기 때문이다. 어린이 교육을 위한 노래와 어른의 연예를 위한 노래가 구분되어야 함이 상식이라면, 그의 활동이 이때까지는 상식을 크게 거스르지 않았다.

그렇지만 1927년부터 그의 실천은 당대 상식을 크게 벗어나게 된다. 1927년부터 1935년 사이에 결성과 해체, 재결성을 반복한 그의 가무단에서는 10대 여성 단원들이 무대에서 허벅지를 드러낸 채 춤추고 노래를 불렀는데, 이는 당시 사람들에게 적잖은 충격을 주었다. 리진후이라는 이름과 밀접히 연관되는 이 밍웨(明月)가무단을 거친 단원 가운데 상당수는 이후 영화나 레코드 산업에서 가수·배우·작곡가로 혁혁한 업적을 남겼다. 밍웨가무단 자체가 1931년 롄화(聯華)영화사에 합병되기도 했다.

리진후이는 1935년 중국인으로 구성된 재즈 밴드 칭펑무악대(淸風舞樂隊)를 결성해 호텔 댄스홀에서 연주했다는 기록도 있다. 당시 상하이는 '동방의 파리'이자 '재즈 메카'로 불릴 정로로 화려하고 퇴폐적인 밤 문화를 과시했는데, 리진후이는 1934~1935년 상하이에 체류하며 활동한 미국 재즈맨 벅 클레이턴(Buck Clayton)과도 교류했다.[6] '마도(魔都)'의 중국어 발음 '모두'는 모던에 가깝게 들리기도 하고, 한편으로 마(魔)는 마술이나 마귀라는 뜻이기도 하다. 모던 상하이는 그렇게 정말 마술 같고 마귀 같은 도시였다. 일본제국의 수도인 '제도(帝都)' 도쿄에서는 1930년대 이후 군국주의가 급속히 득세하면서 이런저런 정치

밍웨가무단의 무대 위 기념 사진과 공연 장면.
위 사진에서 반쯤 누워 있는 인물은 왕런메이(王人美)다.
'작은 살쾡이'라는 별명으로 불리면서 리밍후이 등과 더불어 상하이 초기 대중음악 및 영화계 스타로 각광받았다. 그는 조선인 영화 스타 진옌과 짧은 결혼 생활을 보내기도 했다.

적·문화적 통제가 강해졌지만, 상하이는 그런 통제로부터 자유로웠다. 이에 관한 정치적·이데올로기적 판단을 일단 차치한다면, 상하이에서 예술적 창의성이 개화했다는 점은 부인하기 힘들다.

그런데 리진후이의 곡은 그보다 다음 세대 작곡가들에 비하면 중국 대륙 경계를 넘어 폭넓게 알려진 것 같지는 않다. 중국 대륙만 해도 크기가 엄청나기 때문에 일본이나 조선과 비교하는 것은 부적절하지만, 상하이에서 만들어진 대중음악 가운데 국제적으로 널리 알려진 작품들은 주로 1930년대 중반 이후에 레코드로 제작되었다. 그리고 그런 작품들과 관련된 인물들이 리진후이보다 더 많이 알려져 있다. 그 가운데 일곱 곡을 뽑아 목록을 만들어 보았는데, 발표 시점 순으로 정리했다.

처음 두 곡은 제목이 생경할 수도 있다. 그렇지만 첫 번째 곡은 중국 영화사를 공부한 사람들에게는 어느 정도 익숙하리라고 생각한다. 두 번째 곡은 현재 중화인민공화국의 국가이니 싫든 좋든 몇 번 들어 보았을 것이다. 세 번째 곡은 영화 〈색, 계(色, 戒)〉(2007)에서 주연 탕웨이(湯唯)가 직접 노래하는 목소리로, 일곱 번째 곡은 영화 〈꽃다운 시절〉에서 라디오 음악 소리로 등장했으니, '국제적으로 널리 알려진'이라는 수식어가 무리는 아니라고 생각한다. 두 곡 모두 서문에서 언급한 상하이 최고의 디바

1930~1940년대 상하이 유행가곡 7선(글쓴이들이 임의로 선정)

곡	작사	작곡	가수	발표 연도	레코드 회사	관련 영화
어광곡 (漁光曲)	안어 (安娥)	런광 (任光)	왕런메이 (王人美)	1934	바이다이창편 (百代唱片)	어광곡 (漁光曲)
의용군 행진곡 (義勇軍進行曲)	톈한 (田漢)	녜얼 (聶耳)	위안무즈 (袁牧之) 구멍허 (顧夢鶴)	1935	바이다이창편	풍운의 아이들 (風雲兒女)
세상 끝 가녀 (天涯歌女)	톈한 (田漢)	허뤼팅 (賀綠汀)	저우쉬안 (周璇)	1937	바이다이창편	거리의 천사 (馬路天使)
그대 언제 다시 오려나 (何日君再來)	황자모 (黃嘉謨)	류쉐안 (劉雪庵)	저우쉬안 (周璇)	1937	바이다이창편	별 셋이 달과 함께 (三星伴月)
꿈속의 사람 (夢中人)	우전 (伍真)	천거신 (陳歌辛)	궁츄샤 (龔秋霞)	1942	성리창편	장미는 곳곳에 피고 (薔薇處處開)
야래향 (夜來香)	리진광 (黎錦光)	리진광 (黎錦光)	리샹란 (李香蘭)	1944	바이다이창편	(없음)
꽃 같은 시절 (花樣的年華)	판옌차오 (範煙橋)	천거신 (陳歌辛)	저우쉬안 (周璇)	1947	바이다이창편	오랜 그리움 (長相思)

저우쉬안과 긴밀하게 관련된다. 그 사이에 있는 세 곡은 덩리쥔이나 주현미(周炫美) 혹은 다른 가수들이 나중에 부르기도 했다.

이 곡들은 1934년부터 1947년 사이에 발표되었는데, 중일전쟁(1937~1945)이 벌어졌던 시기에 해당한다. 중국에서는 '항일', 일본에서는 '대동아(大東亞)'라고 표현하는 전쟁이다. 모두 레코드로 정식 발매되었고, 상당수는 영화의 주제곡 혹은 삽입곡이다. 이 점만 보아도 이 시기 상하이에서는 동아시아 다른 곳들과 달리 대중문화 생산이 활발하게 유지되었음을 알 수 있다. 일본이나 대만 상황과 비교하면 선명하게 대조된다. 프랑스 조계와 공공 조계도 1937년 이전에 비할 바는 아니었지만 1943년까지는 공식적으로 유지되고 있었다.

여기서 중국의 1930년대를 정리할 필요가 있겠다. 조금 더 시기를 거슬러 올라가 대중음악의 역사라는 관점에서는, 리진후이 덕분에 중국 대중음악이 탄생하고 발전한 시대라고도 할 수 있다. 리진후이가 〈이슬비〉 첫 레코드를 발표한 1927년에 상하이에서는 4·12사건이 일어났다. 장제스가 이끄는 국민당이 천두슈(陳獨秀)가 이끄는 공산당 세력을 폭력적으로 진압하여 수백 명이 죽고 수천 명이 실종되었다. '상하이 사변' 혹은 '상하이 쿠데타'로도 불리는 이 사건 이후 제1차 국공 합작(國共合作)이 결렬되면서 국공 내전이 시작되고, 그 균열을 틈타서 일본제국은 1931년 9월 18일 만주사변을 일으켰다. 그리고 이듬해에는 청나라 마지막 황제 푸이(溥儀)를 내세워 괴뢰 정권 만주국을 세웠다. 그 뒤로도 일본군과 중국군 사이에서 간헐적으로 교전이 벌

'황색 음악' 담론을 비판적으로 논하면서 리진후이의 활동과 작품을 (재)조명한 앤드류 존스(Andrew Jones)의 영문 저작(왼쪽)과 대만에서 나온 중문 번역본(오른쪽)의 표지. 영문 제목의 '식민지적 모더니티'가 중문 제목에서는 '모던 음악 문화'로 바뀌어 있다.

어지다가 1937년에 결국 전면전으로 비화한 것이 중일전쟁이다. 상하이도 그때부터 조계를 제외하고는 일본군 점령 아래 놓였다.

리진후이가 중국 대중음악의 초기 형태를 창조하고 발전시켰던 시기는 1936년까지로 설명할 수 있다. 당시 그의 음악은 새로운 문화적 감수성을 지닌 사람들에게는 환영받았지만, 다른 한편으로는 엘리트 지식인들에게 비판도 받았다. 비판은 좌우 이데올로기 성향을 가리지 않았다. 그 비판가 가운데 한 명은 리진후이의 가무단에서 그의 지도를 받은 녜얼(聶耳)로, 앞의 목록 두 번째 곡인 〈의용군 행진곡〉의 작곡자다. 이 곡은 좌익 영화 〈풍운의 아이들(風雲兒女)〉의 주제곡이었고, 지금은 중국의 국가(國歌)이기도 하다. 녜얼을 포함한 좌익 세력이 '홍색(紅色) 음악'을 주창하면서 리진후이의 음악을 '황색(黃色) 음악'이라고 비판했다는 사실에 관해서는 이미 많은 연구가 있다.

일본이 점령하기 전 상하이는 상업적 대중문화와 혁명적 좌익 운동이 인적 연계 속에 공존했고, 문학·영화·연극 등은 그 현장이 되었다. 대중음악도 사정이 다르지 않았는데, 이는 목록 첫 번째에 있는 〈어광곡〉을 작곡한 런광(任光)이 1920년대 말~1930년대 초 바이다이창편의 음악 감독을 맡았던 사실에서 함축적으로 드러난다. 이 곡이 삽입된 동명 영화는 1935년 제1회 모스크바 영화제에도 출품되었으니, 좌익 영화로 분류하는 게 그다지 이상하지 않다. 그리고 런광뿐만 아니라 녜얼도 파테레코드에서 잠시 일한 경력이 있다. 1937년 일본 점령 전까지 상하이 문화 산업이 어땠는지를 알려 주는 중요한 정보들이다.

이처럼 목록 윗부분에 있는 곡들을 창작한 이들 중에는 좌익 성향 인물이 꽤 있다. 사람의 복잡한 내면을 이데올로기에 따라 좌나 우로 이분하는 일은 그리 현명하지 않지만, 그들이 직접 좌익 운동에 가담했던 것은 사실이다. 반면 아랫부분에 있는 곡들을 창작한 인물들은 명시적으로 이데올로기를 앞세운 운동에 가담하지는 않았다. 런광이 떠난 바이다이창편에서 1930년대 말에 전속 작곡가, 1940년대 중반에 음악 감독을 맡았던 인물이 리진후이의 동생 리진광이었다는 사실은 이런 변화를 보여 준다.

그 점에서 목록 중간에 있는 〈그대 언제 다시 오려나〉는 작품 내용 면에서도 중간적이다. 사실 이 곡은 떠나간 연인을 그리는 절절한 사랑가로 들으면 그만인 노래다. 그런데 '그대'에 해당하는 한자 '君(쥔)'이 '軍(쥔)'과 발음이 같다는 이유로, 중국을 점령한 일본인들은 이 노래에 중국 군대가 돌아오기를 바라는 메시지가 숨어 있다고 의심했다. 그런데 중국 항일 운동 세력은 또 전혀 다르게 생각해서, 이 곡이 투쟁 의지를 약화하는 나약하고 퇴폐적인 '황색 음악'이라고 비난했다. 양쪽 모두 정치 이데올로기가 규정한 과잉 해석이지만, 대중음악이 이런 상황에 놓이는 일은 예나 지금이나 그렇게 드물지 않다.

이 곡을 부른 가수는 부지기수로 많지만 처음 레코드로 남긴 가수는 저우쉬안이다. 그는 레코드 200여 곡과 영화 40편을 남겼으며, 중화민국이 대륙에 존재했을 때 사람들이 가장 사랑한 배우이자 가수였다. 1937년에 쑤저우(蘇州) 민요를 개작한 선율에 이른바 신국음(新國音)[7]과는 다른 발음으로 〈세상 끝 가녀〉를 불렀고, 1947년에는 서양 고전음악 오케스트라 편곡에 클라리

넷과 트럼펫 소리가 재즈 무드를 자아내는 〈꽃 같은 세월〉을 발표했다. 그리고 정신 질환에 시달리다가 1957년에 병원에서 사망했다. 1937년, 1947년, 1957년 상하이는 각각 중일전쟁을 치르는 일본제국, 국공 내전 중인 중화민국, 대약진 운동 직전의 중화인민공화국 통치하에 있었다. 20년 동안 이런 급격한 변화를 겪었으니, 정신 질환에 시달렸다는 점도 어느 정도는 이해가 된다.

민요 영향이 남아 있는 〈세상 끝 가녀〉와 팝송을 수용한 특징이 뚜렷한 〈꽃 같은 세월〉 사이, 즉 1940년대 전반 태평양전쟁이 한창일 때 〈꿈속의 사람〉과 〈야래향〉이 발표되었다. 두 곡은 20세기 중국에서 나온 노래 가운데 국제적으로 가장 널리 알려졌다. 지금도 한국에는 이 노래를 들으면서 멜로디를 따라 흥얼거릴 사람이 많다. 〈꿈속의 사람〉은 비장한 탱고 리듬으로 분절되고 〈야래향〉은 경쾌한 룸바 리듬으로 넘실대어, 당대 최신 트렌드를 너끈히 따라잡는다. 전자의 작곡가는 〈꽃 같은 세월〉 작곡자이기도 한 천거신(陳歌辛)이고 후자는 리진광이다. 두 인물은 이후 중국 대중음악 작곡의 양대 거인으로 불리고 있다.

노래는 이렇게 경계를 넘어 흘러 다녔지만 사람은 그러지 못했다. 항일 전쟁에 이어 1945년부터 국공 내전이 또 전개되는 혼란스러운 상황에서 상하이에 모였던 사람들은 이리저리 흩어졌다. 일부는 전란을 피해 홍콩을 비롯한 다른 곳으로 이주했지만 일부는 상하이에 남았다. 상하이에 남은 사람 중 일부는 새로운 사회주의 체제를 이끌거나 거기에 적응하여 영전했고, 다른 일부는 우파로 지목되어 경력이 단절되거나 요절했으며, 또 다른 일부는 그 중간에서 조심스럽게 살았다. 천거신이 1961년에 세상을 떠난 것은 반우파 투쟁(1957~1958)의 여파로 알려져 있고, 〈의용군 행진곡〉 작사자 톈한(田漢)은 문화혁명 때 반혁명 분자로 몰려 1968년 감옥에서 죽었다. 그 때문에 중국 국가(國歌)는 한동안 〈동방은 붉다(東方紅)〉로 대체되기도 했다. 모든 혁명에는 명분이 있지만, 혁명이 진행되는 동안 상하이에서는 중국을 넘어서 사랑받는 노래가 창작되지 않았다. 중국 대륙의 다른 도시에서도 마찬가지였다.

요도(妖都) 간주곡

상하이가 마도라고 불리던 무렵 요도(妖都)라고 불린 도시가 있다. 광둥성의 수도인 광저우인데 유래는 분명하지 않다. 뒤에는 광저우를 대(大)요도, 홍콩을 소(小)요도라고 부르기도 하고, 홍콩을 요도라고 부르기도 했다.

아편전쟁 이후 영국 식민지가 되었던 때 홍콩은 어부들이 살던 한적한 어촌이었다. 그런데 1930년대 초에 80만 명, 1941년에 160만 명으로 인구가 늘었을 정도로 도시화가 급격하게 진전되었다. 그 과정에서 전쟁을 피하고자 많은 중국인이 홍콩으로 몰려들었다. 1945년 이후 이들 상당수가 중국으로 돌아갔지만, 1949년 이후에는 더 많은 사람이 홍콩으로 오기도 했다.

후대 관점에서 홍콩의 레코드 산업을 요약하면, 1945년 이전에는 신웨(新月) 등 토착 레코드 회사의 터전이었고, 1952년부터는 파테(바이다이)라는 국제 레코드 회사의 새로운 터전이 되었다. 바이다이는 EMI가 상하이에서 철수한 뒤 잠시 휴지기를 보낸 이후 홍콩에서 사업을 재개했다. 사업 재개 이후에도 바이다이라는 레이블 이름은 여전히 유지되었고, 상하이에서 활동하던 음악인들도 대거 홍콩으로 이주하여 바이다이창편을 비롯한 레코드사들과 계약하고 활동을 재개했다. 사실 1930~1940년대에 형성된 상하이 팝 음악에 시대곡이라는 특정한 브랜드를 확고하게 붙인 곳도 홍콩이었다. 요도가 마도를 계승한 셈이다.

7대 가후 가운데 상하이와 홍콩 양쪽에서 모두 고르게 경력을 이어 간 대표적 인물은 야오리(姚莉)다. 몇 년 앞서 태어난 가후들인 궁츄샤(龔秋霞), 저우쉬안, 바이훙(白虹) 등이 밍웨가무단 등 무대에서 노래하고 연기하는 경력을 쌓은 뒤 영화 출연과 연계해 레코드를 발표했던 것과는 대조적으로, 야오리는 언니 야오잉(姚英), 오빠 야오민(姚敏)과 함께 다퉁음악사(大同音樂社)라는 단체를 꾸려 라디오 방송과 레코드 발표를 중심으로 활동했다. 영화의 도시인 상하이에서 야오리도 영화 주제가를 레코드로 내기는 했지만, 연기까지 하는 은막(銀幕)의 스타는 아니었다. 무대와 레코드에서 방송과 레코드로 음악 전달 매체가 이행하는 시대의 변화를 잘 포착한 셈이다. 오빠 야오민이 천거신을 잇는 현대적 작풍의 작곡가라는 사실도 그가 안정적으로 경력을 쌓는 데 도움이 되었다. 야오민은 또 당시 중국에서는 보기 드물게 작곡가면서 가수로도 활동했다.

야오리가 천거신의 작품 〈장미 장미 난 너를 사랑해(玫瑰玫瑰我愛你)〉를 레코드로 발표한 때는 1940년인데, 이 노래는 영화 〈세상 끝 가녀(天涯歌女)〉의 삽입곡이었다. 혼란스러울 수도 있으니 다시 정리하자면, 앞서 언급한 저우쉬안의 곡 〈세상 끝 가녀〉는 영화 〈거리의 천사(馬路天使)〉 삽입곡이고, 〈장미 장미 난 너를 사랑해〉는 영화 〈세상 끝 가녀〉의 삽입곡이다. 경쾌한 2박자 폭스트로트 리듬에 장조 5음계 멜로디가 유려하게 흐르는 〈장미 장미 난 너를 사랑해〉는 상하이 시대곡으로만 머물지 않고 이후 다른 장소에서도 한참 더 인기를 이어 갔다.

우선 윌프리드 토머스(Wilfrid Thomas)라는 영국인 라디오 진행자가 이 곡을 방송에서 전파하면서 널리 인기를 끌게 되었다.

방송에서 경력을 쌓은 야오리의 목소리는 업계 용어로 '라디오 프렌들리(radio-freindly)' 했기에, 이 곡은 곧 국제적으로 주목받기 시작했다. 윌프리드 토머스는 노래 소개에 그치지 않고 직접 영어 가사까지 붙였는데, 미국 가수 프랭키 레인(Frankie Laine)이 'Rose, Rose I Love You'라는 제목으로 발표한 영어 버전은 1951년 빌보드(Billboard) 차트 3위까지 올랐고, 다른 여러 가수도 레코드를 남겼다. 야오리는 1950년에 홍콩으로 이주하여 경력을 이어 갔다. 상하이에서 홍콩, 런던, 뉴욕으로 경로가 이어진 셈인데, 이런 사례가 단발성으로 그친 특이한 경우 같지만, 그렇지 않다. 동아시아 대중음악이 서양에서 이국주의(exoticism)로 소비된 특정한 시장이 1950년대에 분명히 존재했고, 〈장미 장미 난 너를 사랑해〉도 그러한 흐름 속에서 히트했다.

여기서 확인해야 할 중요한 사실 하나가 있는데, 홍콩에서 1960년대까지는 (중)국어로 부르는 대중음악이 지배적이었다는 점이다. 광둥어 가사로 된 대중음악이 대량 생산되어 아시아를 주름잡은 때는, 1945년 이후 홍콩에서 성장하고 교육받은 세대가 본격적으로 활동하기 시작한 1970년대 이후다. 그 전까지는 상하이를 비롯한 중국 대륙에서 활동하던 사람들이 홍콩으로 이주해 대중음악계를 지배했다. 특히 바이다이창편이 자리를 옮겨 기존 레코드를 재발매하고 새로운 레코드도 제작한 실천은 상하이와 홍콩을 연결하는 가장 중요한 고리였다. 공간적으로는 불연속성이 있음에도 시대곡이 시간적으로 연속될 수 있었던 이유다.

야오리가 부른 〈장미 장미 난 너를 사랑해〉가 바로 그 연속의 행운을 누렸다. 이 곡은 1950년대에 국제적으로 전파되었기 때문에, 상하이산(産)이 아니라 홍콩산으로 종종 오해되고는 한다. 많은 언어로 리메이크되었으므로 홍콩 가수가 부른 광둥어 버전도 있다는 사실이 그다지 놀랍지는 않지만, 그것이 너무 늦게, 수십 년이 지난 1989년에 나왔다는 점은 놀랍다. 다름 아니라 '동방의 마돈나'로 불린 메이옌팡(梅艷芳)이 청룽(成龍)의 영화 〈미라클(Miracle)〉 삽입곡으로 부른 스윙 재즈 버전이다.

〈야래향〉의 가수 리샹란(李香蘭)은 1952~1954년에 홍콩 신웨창편에서 열 종 이상 레코드를 발표했다. 그가 중국인이 아니라 야마구치 요시코(山口淑子)라는 일본인이라는 사실은 1940년대 초부터 조금씩 알려졌지만, 공식적으로 밝혀진 때는 일본이 패전한 직후였다. 1952년에 그는 일본에 거주하고 있었고, 이 레코드들은 일본에서는 판매되지 않고 홍콩에서만 판매되었다. 기본적인 이유는 리샹란이 일본 본명 대신 중국 예명을 사용해 중국어로 노래했기 때문이다. 그렇지만 녹음과 제작은 일본 빅터 레코드에서 이루어졌고, 홍콩 신웨는 일본에서 수출한 레코드를 수입해 판매했다. 홍콩의 여러 다른 사업처럼 중개 무역을 한 것이다.

신웨는 1926년에 신웨유성기창편공사로 설립되었다. 신웨창편은 다중화창편 등 상하이 소재 회사와 제휴를 맺어 광둥 지역에 레코드를 배급했고, '광둥 오페라(Cantonese opera)'라고 불리는 월극을 주력 장르로 삼아 레코드도 제작했다. 이른바 '월곡창편(粵曲唱片)'은 월극에 나오는 노래를 녹음한 레코드를 말한다. 현대인의 귀에는 전통음악과 대중음악의 과도적 형태로 들리겠지만, 이런 레코드가 당시에는 전통적 농촌 공간이 아닌 도시 공간에서 연예물로 향유되었다.[8]

신웨창편은 1930년에 롼링위와 진옌이 듀엣으로 노래한 영화 〈들에 핀 풀꽃(野草閒花)〉 주제가를 레코드로 낸 업적을 남겼다. 업적이라고까지 말한 이유는 그것이 전설적 배우 롼링위가 직접 노래를 녹음한 유일한 레코드로 알려져 있기 때문이다. 즉 홍콩에서도 월극이라는 무대 예술뿐만 아니라 영화라는 은막 예술이 태어나고 있었고, 레코드 산업도 그와 연관해서 발전했다는 뜻이다. 이런 발전이 꽃피운 때는 1945년 이후 특히 1950년대 이후지만, 그 이전 시기에도 씨를 심고 싹을 틔운 실천들이 있었다. 리샹란도 1950년대 홍콩에서 제작한 다수의 영화에 출연했다.

리샹란이 홍콩 신웨창편에서 1952년에 발표한 〈봄날의 비바람(春風春雨)〉(왼쪽).
왕리룽(王麗蓉)이 1953년 같은 레코드 회사에서 발표한 〈동북 아가씨(東北姑娘)〉(오른쪽).
후자는 리샹란의 〈만주 아가씨(滿洲姑娘)〉를 개작한 곡이다.

신웨창편에서 레코드를 내기 7년 전인 1945년에 리샹란은 상하이에 있었다. 그해 6월 23~24일에는 다광밍(大光明) 대극장에서, 8월 6일에는 상하이 경마장에서 콘서트를 열었고 〈야래향 환상곡〉도 불렀다. 이는 〈야래향〉을 기초로 일본인 작곡가 핫토리 료이치가 만든 곡이었다. 일본에서 이미 유명 작곡가이자 재즈맨으로 활동하던 그는 제국의 명을 받고 일본군 보도부(報道部)에 소속되어 상하이에 체류하던 중이었다. 그때 거기서 리진후이의 중국화된 재즈에 관심을 기울이며 비슷한 연배인 리진광과 가깝게 교류했다. 그래서 1944년에 리진광이 만든 〈야래향〉을 듣고 감동을 받아 〈야래향 환상곡〉까지 작곡했다. 그런데 이 작품이 상하이 경마장에서 공연된 그날은 공교롭게도 일본 히로시마(廣島)에 원자폭탄이 떨어진 날이기도 했다.

중국과 일본 일급 음악인들의 합작이라는, 아름답기 그지없어 보이는 이야기는 8월 15일에 바로 종지부를 찍었다. 1952년 신웨창편에서 리샹란의 레코드를 발매한 때는, 시대가 바뀌어 일본제국이 해체되고 중화민국은 대만으로 축소된 다음이다. 냉전의 거대한 그림자가 동아시아를 덮쳐 여기저기서 분단이 일어난 때였다.

북방의 고혹(蠱惑)

'만주인'이라고 기록된 인구 집단이 어떤 이들을 지칭하는지 파악하는 일은 혼란스럽다. '○○족'이라는 표현을 되도록 피하려고 하지만, 이 책에서 다루는 시대를 논하기 위해서는 만주족과 만주인을 구분할 필요가 있다. 전자는 청제국 지배층을 구성했던 황족을 포함하여 만주, 현재 중국 동북 지역 및 러시아 연해주 지역에서 수천 년 동안 살아왔던 사람들을 통칭한다. 만주어 혹은 만어(滿語)라는 고유 언어는 물론 고유 문자인 만주 문자, 이른바 '만문(滿文)'도 있었다.

반면 근대 이후 만주인과 만주어는 만주에 거주하는 사람들,

그들이 사용하는 언어로 의미가 바뀐다. 이는 현재 중국 동북 3성에 살고 있는 중국인, 그들이 사용하는 중국어와 별반 다르지 않다. 그 역사를 살펴보면 '촹관둥(闖關東)'이라는 표현을 만나게 되는데, '관문 동쪽으로 치고 들어간다'는 뜻으로, 한족(漢族)이 만리장성 동쪽 끝 관문인 산하이관(山海關)을 넘어 이주한 현상을 가리킨다. 일본이 랴오둥반도(遼東半島) 남부에 설치한 조차지를 관동주, 거기에 주둔한 일본 군대를 관동군이라고 부른 어원을 설명한 셈이기도 하다.

한족의 만주 이주가 본격적으로 진행된 때는 19세기 중반부터라고 봐도 무방하다. 시간이 흐르면서 만주인은 만주에 거주하는 중국인을 지칭하게 되었는데, 그 대다수는 한족이었다. 이 무렵에는 만주족이 한족에게 문화적으로 동화되어 만주어가 공적 영역에서 사라져 가고 있었으므로, 만주족과 한족을 구분하는 일이 실질적으로 불필요해졌다. 간혹 한족과 만주족을 더하여 '한만인(漢滿人)'이라고 칭했던 것도 그 때문이다. 남만주의 도시 구역을 내지인(일본인) 구역, 조선인 구역, 한만인 구역으로 삼분했다는[9] 점도 마찬가지다. 중국인들이 한만인이라는 말을 일상생활에서 받아들였는지는 다른 문제다.

그러면 만주족이 대중음악을 레코드로 남긴 기록은 찾을 수 있을까? 다행히도 1933년에 발표된 희귀한 예가 두 가지 있다.

그해에 일본에서 〈도쿄 온도〉, 대만에서 〈춤추는 시대〉가 발표되었으니, 동아시아 대중음악 역사에서 그리 늦지 않은 시점이다. 레코드에 적혀 있는 가수의 이름은 가와시마 요시코(川島芳子)지만 일본인이 아니라 만주족이었고, 청 황족의 딸이었다. 그의 중국식 이름은 진비후이(金璧輝)고, 만주어 본명은 아이신기오로 셴위(愛新覺羅顯玗)다. 아이신기오로는 마지막 황제 푸이의 성, 즉 청나라 황실의 성이다.

가와시마 요시코는 〈몽골의 노래(蒙古の唄)〉와 〈십오야 아가씨(十五夜の娘)〉를 녹음했다. 앞의 곡은 가와시마 요시코와 일본인 가수가 한 절씩 나누어 불렀고, 뒤의 곡은 가와시마 혼자 불렀다. 관심을 끄는 점은 그의 가창 실력이 아니라 노래의 언어와 곡조다. 두 곡 모두 곡조는 단순한 형태의 몽골 민요고, 가사는 1절은 몽골어, 2절은 일본어다. '만주인(과 일본인)이 몽골어와 일본어로 부르는 민요 레코드'에는 동아시아 근대사의 온갖 복잡한 사연이 들어 있다. 가와시마 요시코의 남편이 몽골인이었다는 사실은 청제국 시대 만주와 몽골 지배층 사이에 통혼이 일반적이었다는 더 오랜 역사까지 들춰 보게 한다. 그렇지만 앞의 곡은 블루스, 뒤의 곡은 탱고로 편곡되었다고 기재되어 있으니, 그 점에서는 또 완연하게 근대적이다.

가와시마 요시코는 '동양의 마타 하리(Mata Hari)'로 불렸다. 그는 남자 옷, 때로는 군복까지 입고 다니면서 일본제국과 만주국을 위해 스파이 활동을 하는 한편, 라디오와 잡지에 등장하는 셀럽으로도 활동했는데, 1945년 이후 중화민국 정부에 반역자로 체포되어 형장에서 죽음을 맞았다. 그래서 만주인 가와시마 요시코의 몽골어 노래는 일본제국을 등에 업고 청제국의 영광을 조금이나마 회복해 보려 했던 만주인과 몽골인의 실패한 시도라는 희미한 기억으로 남았다.

가와시마 요시코의 레코드는 만주국 수립 1년 뒤에 발표되었다. 만주국에 관해 어느 정도 알고 있는 사람들도 몽강국(蒙疆國), 정식 명칭으로 몽강연합자치정부(蒙疆聯合自治政府)는 잘 모를 수 있다. 현재 중국 내몽고 자치구 일대에 수립되었던 일본의 또 다른 괴뢰국이었다. 1939년 9월에 정식으로 들어선 이 정권에 관해 이야기하려면, 그해 5월부터 9월까지 일본과 소련 사이에 벌어진 '할힌골(Халхин-Гол) 전투', 일본에서 '노몬한(ノモンハン) 사건'이라고 부르는 전투를 또 언급해야 한다. 할힌골 전투나 몽강국을 선명히 기억하는 사람이 소수라면, 만주인이 몽골어로 노래한 가와시마 요시코의 레코드를 기억하는 사람은 극소수일 수밖에 없다. 동아시아 대중음악 역사에서 만주는 결과적으로 중국에 동화되어 흔적이 거의 사라졌고, 몽골은 정치적으로 독립 혹은 자치를 유지했지만 문화적으로는 주변화되고 말았다. 그

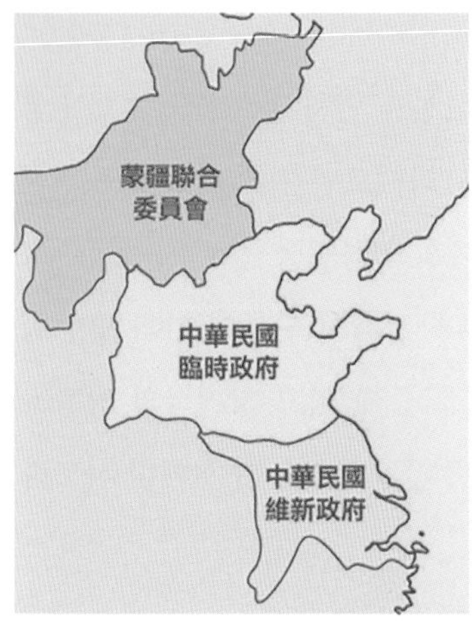

1930년대 말~1940년대 초
일본제국이 점령한 지역을 표시한 지도.
왼쪽은 일본의 시각, 아래쪽은
중국의 시각에서 명명한 것이다.
'몽강(蒙疆)'이라는 이름이 붙은 곳이
'몽강국'이라고 통칭되는 곳이다.
왼쪽 지도에 있는 중화민국 '임시정부'와
'유신정부'는 1941년 이후
아래쪽 지도 노란색 부분인
'왕징웨이(汪精衛) 정부'로 통합된다.

1941년 중일전쟁의 구도. 난징에 일본의 괴뢰 정부인 '왕징웨이 정권'이 수립된 직후다. 이후 제2차 세계대전 종전까지 장기전과 소모전이 지속되었다.

과정도 가와시마의 노래가 망각 속에 묻힌 것과 무관치 않을 것이다. 동아시아 대중음악 역사가 북방보다는 남방, 대륙보다는 해양 중심으로 서술되는 것도 마찬가지다.

1938년에 발표된 〈만주 아가씨(滿洲娘)〉를 5년 전에 발표된

〈십오야 아가씨〉와 비교하면 역사의 변화가 어렴풋이 보인다. 이시마쓰 슈지(石松秋二) 작사, 스즈키 데쓰오(鈴木哲夫) 작곡에 핫토리 도미코(服部富子)가 노래했다. 핫토리 도미코는 핫토리 료이치의 여동생이다.

이 곡은 만주가 아니라 일본에서 발표되었고 일본어로는 '만슈 무스메'라고 발음한다. 곡이 발표되기 한 해 전인 1937년에는 중일전쟁이 일어났다. 전쟁은 1937년 7월에 베이징 인근에 있는 오래된 다리 루거우차오(盧溝橋)에서 일어난 사소한 전투로 시작되어, 초기에는 일본군이 승기를 잡는 듯했다. 전쟁이 시작된 7월에 베이징부터 시작해서, 연말에는 상하이와 난징(南京), 이듬해인 1938년 가을에는 우한(武漢)까지 일본군에게 점령되었고, 일본의 승리가 바로 눈앞에 온 듯했다. 그렇지만 국민당 정부가 수도를 서남부 내륙 충칭(重慶)으로 이전하면서 계속 거세게 저항했고, 공산당도 곳곳에서 게릴라전을 펼침으로써 전쟁은 장기전에 접어들게 되었다. 할힌골 전투는 아직 일어나기 전이다.

전통 민요로 들리는 〈십오야 아가씨〉와 달리 〈만주 아가씨〉는 근대 가요 같다. 노래에서 묘사하는 만주 아가씨는 청제국 시대의 만주족이 아니라 일본제국이 세운 만주국에 사는 중국인을 지칭한다. 곡의 느낌은 일본 유행가의 전형과는 거리가 있고, 그렇다고 중국의 시대곡에 가깝지도 않다. 가사가 일본어이므로 전자에 더 가깝게 들리기는 하지만, 가수의 노래는 중국인 발음을 흉내 냈고, 반주는 중국 전통 악기를 모방한 장식음을 구사했다. 만주를 일본제국의 일부로 연구하는 사람들은 이 곡을 문제적이라고 평가할 것이다. '제국의 남성적 시선으로 식민지 여성을 타자로 바라본다'는 표현은 진부하고 상투적이지만, 이 곡을 평할 때 다른 표현을 찾기도 힘들다. 이 곡뿐만 아니라 〈지나 아가씨(支那娘)〉, 〈베이징 아가씨(北京娘)〉, 〈광둥 아가씨(廣東娘)〉 등 이른바 '무스메모노(娘物)' 목록은 꽤 길다.

이런 곡들은 이른바 '대륙 멜로디(大陸メロディ)'라고 불렸다. 대륙 멜로디는 만주의 정경과 사람을 주제로 하는 경우가 전형이지만, 일본인 시각으로 중국 대륙을 바라보는 경우를 포괄적으로 지칭하기도 한다. 중일전쟁 기간에 하나의 트렌드를 형성한 이런 작품들에는 중국의 풍경·인물·언어 등에 관한 이국주의가 깃들어 있다. 대륙 멜로디를 상세하게 연구한 에드거 포프(Edgar Pope)는 이국주의 정조를 담은 곡들을 무스메물, 풍경물(風景物), 기악물(器樂物), 로맨스물(ロマンス物) 네 가지로 구분했다.[10] 이에 따르면, 〈만주 아가씨〉 같은 곡들은 이국주의라는 큰 범주에 속하면서 대륙 멜로디라는 대중음악 경향에도 속하는 셈이다.

그런데 이 대륙 멜로디는 일본어 유행가로 끝나지 않았다. 예컨대 〈만주 아가씨〉의 만주어 번안곡이 1년 뒤 리샹란 노래로 발표된 사실은 흥미롭다. 이때 만주어는 만주족 고유어가 아니라 만주에서 사용된 중국어다. 곧 제목은 '만슈 무스메(滿洲娘)'가 아니라 '만저우 구냥(滿洲姑娘)'으로 바뀌었다. 한자 표기로는 글자 하나만 추가되어 큰 차이가 없는 듯하지만, 발음으로는 '만슈 무스메'가 '만저우 구냥'으로 바뀌었으니 그 차이가 작지 않다. 가창도 일본어 원곡에 비해 중국어 번안곡은 중국 정취가 더 강하다. 레코드도 바이러(百樂)라는 레이블을 달고 나왔고, 회사 이름도 '레코드'나 '음반'이라는 일본식 이름이 아니라 '창편'이라는 중국식 이름을 붙여서 현지 회사라는 인상을 준다. 이 레코드의 주인공 리샹란은 바이러창편에서 중국어 가창 레코드를 몇 가지 더 발표했다. 바이러창편은 일본 데이치쿠(帝蓄)와 관련을 맺고 1938년 만주에 설립된 회사인데, 상세한 면모를 밝히기에는 아직 자료가 충분하지 않다.

〈만주 아가씨(滿洲姑娘)〉는 기존 일본 곡에 가사만 새로 붙여 번안한 결과물이지만, 처음부터 일본인이 작곡하고 중국인이 작사한 노래도 있었고, 그런 곡들은 '만주 신가(新歌)'라고 부르기도 했다. 중일전쟁이라는 전시 상황이 아니었으면 이런 유형의 작품이 생산되기 힘들었음은 분명하다. '오족협화(五族協和)'를 슬로건으로 내건 만주국에서는 그런 노래가 국가 정체성에 더없

왼쪽은 〈만주 아가씨〉의 '만주어'(중국어) 레코드.
오른쪽은 바이러창펀에서 제작한 레코드 포장용 재킷. 로마자로는 'Pailu'라고 표기했다.

이 잘 부합했다. 만주는 식민과 전쟁과 독립이라는 거대한 어젠다들이 충돌하고 교섭하는 접촉 지대였고, 이를 통제하려는 관제문화조차도 이런 일상적 접촉을 무시하기는커녕 적극적으로 활용했다.

리샹란은 노래를 부르는 가수에 그치지 않고 스크린에서 연기하는 배우로도 기억된다. 활동 시기를 고려하면, 그가 출연한 영화 상당수가 국가 정책을 홍보하는 프로파간다 영화라는 점은 자연스럽다. 그에게는 만주영화협회(滿洲映畫協會) 소속이 레코드 회사 소속보다 훨씬 더 중요했다. 1937년에 정식으로 설립된 만주영화협회, 이른바 '만영(滿映)'은 전형적인 국책(國策) 영화사였다. 따라서 리샹란은 만주국뿐만 아니라 일본이 벌인 전쟁과도 연관될 수밖에 없다. 그가 일본제국의 대륙 침략을 정당화하려는 신념으로 활동한 가해자인지, 세상 물정 모르는 채 제국에 동원되어 이용만 당한 희생자인지는 아직도 논란이 되고 있다.

리샹란은 저우쉬안이 먼저 부른 〈그대 언제 다시 오려나〉도 바이러창편에서 다시 불러 발표했는데, 후대 사람들 가운데에는 저우쉬안보다 리샹란 노래가 더 익숙한 경우도 꽤 많다. 그는 일본인 작곡에 중국어 가사를 붙인 노래뿐만 아니라 중국인이 작사·작곡한 노래를 중국어로 부른 녹음도 많이 남겼다. 또 일본인이 작사·작곡한 노래를 일본어로 부른 경우도 꽤 있다. 이는 그가 일본제국의 일부가 된 만주국에서 나고 자란 '중국어가 유창한 일본인'이라는 사실에 기인한다. 그렇지만 당시 많은 사람은 정반대로 리샹란을 '일본어 잘하는 중국인'으로 여겼다. 따라서 리샹란은 일본인이었음에도 상하이 7대 가후에 꼽히기도 했다.

그가 노래한 많은 작품 중 특히 유명한 세 곡이 있는데, 식민이나 전쟁과 관련된 징후가 어쩔 수 없이 드러난다. 일본인이 만들고 주로 일본어로 가창한 곡인 데다, 일본 영화사와 만주영화협회가 합작한 영화에 삽입되었기 때문이다. 영화 두 편에 삽입된 세 곡에서 일본어 작사는 모두 사이조 야소가 담당했고, 레코드는 일본 콜럼비아가 제작했다.

첫 번째는 〈지나의 밤(支那の夜)〉으로, 작곡자는 고가 마사오의 메이지대학 후배이기도 한 다케오카 노부유키(竹岡信幸)고, 1938년에 와타나베 하마코가 레코드를 발표했다. 그런데 곡이 발표되고 나서 2년 뒤 일본 도호(東寶)영화사와 만주영화협회가 합작해 동명의 영화를 제작했고, 도호영화사의 간판스타인 하세가와 가즈오(長谷川一夫)와 함께 주연을 맡은 만영의 리샹란이 영화 속에서 〈지나의 밤〉을 직접 불렀다.

두 번째는 〈소주 야곡(蘇州夜曲)〉으로, 영화 〈지나의 밤〉 음악감독을 맡은 작곡가 핫토리 료이치가 극 중 삽입곡으로 만든 노래다. 이 곡은 리샹란이 영화에서 먼저 불렀고, 개봉 몇 달 뒤 와타나베 하마코와 기리시마 노보루의 듀엣으로 일본에서 레코드가 발표되었다.

세 번째 〈영춘화〉는 1942년 동명 영화의 주제가로 만들어졌으며, 작곡자는 고가 마사오다. 일본 영화사 쇼치쿠(松竹)와 만주영화협회가 합작으로 영화를 제작했고, 같은 해 콜럼비아에서 레코드가 발표되었다. 흥미롭게도 주제가 〈영춘화〉는 가사 1절과 3절은 일본어, 2절은 중국어다. 중국어 작사는 '백문회 역시(白文會 譯詩)'로 기록되어 있다.[11]

영화의 줄거리를 간략히 살펴보면, 〈지나의 밤〉은 고아가 된 중국인 소녀가 일본인 해군 장교에게 구원받는 이야기고, 〈영춘

화〉는 만주를 배경으로 일본인 남성과 중국인, 일본인 여성 사이에 펼쳐지는 삼각관계 로맨스 이야기다. 영화의 미학에 관해서는 이론의 여지가 있겠지만, 중국 대륙을 무대로 전개된 일본인 남성과 중국인 여성이라는 전형적 젠더 관계라는 점에서는 반론의 여지가 없다. 중국을 '지나(支那)'라고 표현한 것도 일본제국 시절 특유의 오리엔탈리즘, 이른바 '오리엔탈 오리엔탈리즘'이 아니라고 반박하기는 힘들다. 그래서 중국인은 '지나'라는 말을 매우 모욕적으로 받아들였고, 지금도 그렇다. 일본어 발음은 '시나'인데, 여기에 '죽다'라는 뜻의 동사 '시누(死ぬ)'의 뉘앙스가 있다고 주장하는 중국인들도 있었다.

그런데 일본 최고의 대중음악 작곡가들이 만든 이 노래들은 음악적 평가가 부정적이지만은 않다. 〈지나의 밤〉이 얼후(二胡) 같은 중국 전통 악기를 모방한 소리를 어설프게 사용하고, 중국식 가창을 인위적으로 흉내 낸 점을 이데올로기적으로 비판하기는 쉽다. 그렇지만 이런 이데올로기적 비판으로는 설명하기 힘들 정도로 이 곡들은 오랜 생명력으로 일본과 중국 양쪽에서 고전이 되었다. 〈소주 야곡〉과 〈영춘화〉는 핫토리 료이치와 고가 마사오의 시그니처 스타일과 달리 매우 고상하고 유려한 선율을 들려준다. 다시 말하면 핫토리 료이치가 아와야 노리코의 가창으로써 정립한 부루스(ブルース), 고가 마사오가 후지야마 이치로

를 통해 정립한 엔카와는 전혀 다른 스타일이다.

이런 문제적 작품이 관대하게 평가받게 된 데에는 수십 년이 지나면서 너그러워진 마음이 작용했을 수도 있다. 하지만 이 곡들은 모두 1945년 이전에도 중국인 작가가 중국어로 번안하고, 중국인 가후들이 녹음하여 레코드로 발표되었다. 중국식 표현으로 이런 과정을 번창(翻唱), 중국어 발음으로는 '판창'이라고 하는데, 1940년대 일본 유행가의 중국어 번창은 너무 많아서 일일이 다 거론할 수 없을 정도다. 번창 과정에서 가사 내용과 언어, 가수의 창법, 편곡과 연주 등이 바뀌면 일본어 원곡의 의도와 형태는 다분히 희석된다. 이는 전쟁 기간 중 일본군이 점령한 중국에 회색 지대가 많았다는 사실로 일단은 설명할 수 있다.

그런데 그 반대 과정도 있었다. 상하이 시대곡 상당수는 이미 이때 일본어로 번안되었다. 작품 내용을 보면, 작사가 후지우라 고(藤浦洸)와 사에키 다카오(佐伯孝夫) 등이 가사 번역, 혹은 '야쿠시(譯詞)'에 이름을 자주 올렸음을 알 수 있다. 이들 작사가들이 '야쿠시' 한 곡을 일본어로 '판창' 한 가수 중에는 와타나베 하마코와 리샹란 같은 '가짜' 중국인도 있었지만, 1945년 이후에는 후메이팡(胡美芳) 같은 진짜 중국인, 정확히 말하면 일본 화교도 있었다. 전쟁 기간 중 후메이팡은 일본에서 당할 차별을 피해 베이징으로 가서 공부하다가, 전쟁이 끝난 뒤 일본으로 돌아왔다.

그는 일본에서 자신의 이름을 일본식으로 발음한 '고비호'라는 이름으로 활동했다.

그렇다면 시대곡도 전시 상하이의 상황과 연관하여 재조명할 필요가 있다. 또한 상하이 7대 가후 가운데 앞에서 상세히 다루지 못한 인물들, 특히 북방 출신 가후들에 관해서도 살펴봐야 한다.

저우쉬안의 출세작 〈세상 끝 가녀〉와 〈그대 언제 다시 오려나〉 그리고 이 곡이 주제가로 등장하는 영화 〈거리의 천사〉와 〈별 셋이 달과 함께(三星伴月)〉가 발표되거나 상영된 해는 다름 아닌 1937년이다. 영화는 상하이가 아직 일본에 점령되지 않은 상황에서 생산된 좌익 계열 작품들이다. 런광이나 녜얼 같은 좌익 음악가들이 그 이전 시기 상하이 문화 산업에서 활약했던 반면, 리진광과 천거신 등 오랫동안 살아남은 명곡들의 작가들은 그 뒤 시기에 왕성하게 창작했다.

여기서 일본의 상하이 점령을 시기별로 좀 더 세분해 볼 필요가 있다. 1937년 11월에 일본군이 상하이를 점령했지만, 조계에까지 진입하지는 못했다. 그런 도발은 조계의 주인인 구미 열강에 대한 전쟁을 뜻했다. 따라서 아직 치외 법권을 포함한 특권이 남아 있는 조계로 사람과 자본이 대량 유입되었고, 항일 운동도 이곳에서 일어났다. 역사학에서는 이 시기 상하이가 고립된 섬 같다고 해서 '고도(孤島) 시기'라고 부르고, 그 무렵 상하이가 기형적으로 번영했다고 평한다. 왕징웨이(汪精衛) 정권이 공식적으로 수립된 1940년 3월은 고도 시기의 중간 정도 시점이다.

이어 1941년 12월 진주만 공격을 계기로 태평양전쟁이 벌어지면서 상하이 전체가 일본군에 점령되고 고도 시기가 종료되었다. 그 이후 1945년 8월 15일까지 상하이의 문화 산업은 만주국 문화 산업처럼 사실상 일본의 국책에 지배되었다. 1942년에 세워진 중화연합제편공사(中華聯合制片公司), 약칭 중련(中聯)은 이듬해 중화전영연합공사(中華電影聯合公司), 즉 화영(華影)으로 이름이 바뀌었고, 만주의 만영과 비슷하게 국책 영화를 제작하고 상하이를 포함한 화난(華南) 지역 영화 배급을 독점했다. 중련 시기에 만영과 합작한 아편전쟁 100주년 기념 영화 〈만세유방(萬世流芳)〉은 중국인의 반(反)식민지 투쟁을 다루면서 다른 한편으로는 흥아(興亞) 혹은 대동아를 선동하여 많은 논란을 불러일으켰다. 그러나 이 영화를 통해 리샹란이 만영의 스타를 넘어 일본 점령하 중국 전역에서 스타가 되었다는 사실에는 논란이 없다.

이는 한편으로 리샹란이 상하이 7대 가후 지위를 누린 기간이 3년 정도에 지나지 않음을 뜻하기도 한다. 그리고 그와 경우가 비슷했던 또 다른 가후가 바이광이다. 그는 베이징 출신으로, 고등학교 재학 시절 일본 폴리돌레코드 산하 레이블인 궈러창펀(國樂唱片)에서 몇 가지 녹음을 남겼고, 도쿄에 체류하던 1940년에는 중국 시대곡을 커버한 레코드를 콜럼비아에서 발표했다. 그는 일본어를 잘하는 진짜 중국인이었고 실제로 일본어 가창 레코드도 남겼는데, 일본 가수 오쿠야마 사이코(奧山彩子)와 만주 가수 리샹란 그리고 중국 가수인 그가 함께 부른 〈흥아 세 아가씨(興亞三人娘)〉가 대표적이다. 이 곡은 이른바 '일만지(日滿支) 협화'를 위해 소녀들을 어떻게 동원했는지를 보여 주는 좋은 예다.

바이광이 상하이에 자리 잡은 때는 1943년 영화 〈봄꽃은 다투어 피고(桃李争春)〉에서 연기도 하고 주제곡도 부르면서부터다. 당시에는 청순한 이미지와 소프라노 음역이 대세였는데, 관능적 이미지와 알토 음역으로 차별화에 성공하며 '일대요희(一代妖姬)', '저음가후(低音歌后)' 등 별명으로 불리면서 1940년대 중반에 강렬한 인상을 남겼다. 그렇지만 그가 상하이에서 활동한 시기는 2년 정도에 지나지 않는다. 그의 노래 가운데 가장 널리 알려진 탱고곡 〈당신이 없다면(如果没有你)〉은 홍콩으로 활동 무대를 옮긴 1948년에 발표된 작품이다.

바이훙도 베이징 출신이다. 열한 살 어린 나이에 상하이로 가서 밍웨가무단에 입단해 훈련을 받았다. 그는 1934년 콩쿠르에서 저우쉬안을 2등으로 밀어내며 1등을 차지했고, 1945년 1월에는 다른 모든 가수보다 먼저 독창회, 즉 단독 공연을 개최할 정도로 비중 있는 가수였다. 후대까지 남은 그의 대표곡은 1948

궈러창편에서 발매한 경극 레코드. 궈러는 만주의 바이러와 마찬가지로 일본 레코드 회사가 중국 점령지에 설립한 레이블이다. 궈러창편에서 바이광 이름으로 발표된 레코드의 이미지는 구하지 못했지만, 그가 대만 출신 음악가 장원예(江文也)와 함께 부른 〈호미 춤(鋤頭舞)〉의 레코드 번호는 'K-135'로 확인된다.

년 룸바 리듬에 맞춰 녹음한 〈매혹의 립스틱(醉人的口紅)〉으로, 오페라 가수 못지않은 가창력을 뽐낸 곡이다. 그렇지만 전쟁 중인 1941년 상하이에서 가장 많이 들렸던 그의 또 다른 대표작은 영화 〈고도의 세월(孤島春秋)〉 주제가인 재즈풍 곡 〈사사, 굿바이(莎莎再會吧)〉였다. 저우쉬안의 〈그대 언제 다시 오려나〉, 리샹란의 〈야래향〉과 더불어 당시 상하이에서 가장 많은 인기를 누렸던 곡이다.

바이훙은 한때 저우쉬안과 더불어 '황금 목소리(金嗓子)'라는 별칭으로 불렸는데, 바이훙의 '쌍쯔(嗓子)', 즉 목청은 저우쉬안과는 분명히 다르다. 간단히 말하면, 화려함은 덜하고 그윽함은 더한 느낌이다. 이를 그저 개인 차이로 볼지 북방인과 남방인의 차이로 볼지는 견해가 갈릴 듯하다. 그러니 북방인과 남방인 성대의 생물학적 특징을 비교하느라 시간을 낭비하기보다는, 1930년대에 두 가후가 남긴 녹음의 음악적 특징에서 차이를 찾는 쪽이 더 생산적일 듯하다.

1937년에 리진광은 바이훙에게는 〈총각과 처녀(郎和姐兒)〉, 저우쉬안에게는 〈잡화 장수(賣雜貨)〉라는 곡을 각각 제공했는데, 전자는 후자보다 상업적 반응이 약했다. 흥미로운 사실은 전자는 몽골 민요, 후자는 광둥 민요에 기반했다는 점이다. 쑤저우 민요를 개작한 〈세상 끝 가녀〉로 저우쉬안이 일약 스타덤에 오른 때도 같은 해였으니, 1930년대까지 상하이 시대곡은 북방의 '국어' 발음과 남방의 '민간' 곡조가 결합했을 때 더 큰 반응을 이끌어냈던 셈이다.

바이광과 바이훙의 가계를 추적하면, 두 사람 다 기인(旗人)의 후예라는 소개가 나온다. 기인이란 청제국의 군사·사회 조직인 팔기(八旗)에 속한 사람을 가리킨다. 바이훙은 만주족이고 바이광은 한족이지만, 두 가후의 선조 모두 청제국의 지배층이었다는 뜻이다. 이는 두 사람이 구사하는 중국어가 근대 중국의 국어임을 뜻한다. '백은의 목소리(銀嗓子)'라는 칭호를 들은 가후 야오리는 1986년 베이징을 방문하여 정말 오랜만에 바이훙과 해후한 뒤, 1940년대 상하이에서 바이훙에게 신국음을 배웠다고 했다. 만주족이 한족에게 중국어 표준 발음을 가르쳤던 셈이다. 추측이지만, 일본인 리샹란의 발음이 중국인 저우쉬안의 발음보다 국음에 더 가까웠을 가능성도 크다.

이 점이 시대곡에 흐릿하게 남아 있는 중국 북방의 요소일 것이다. 남방의 인물들이 음악적·문화적으로 시대곡을 주도했지만, 언어 면에서는 국어를 사용했다는 점이 중요하다. 국어란 북방의 중국어이므로, 만주족도 그 발음 형성에 어느 정도 참여한 언중(言衆)의 일부라고 할 수 있다. 시대곡을 설명할 때 상하이, 재즈, 바이다이창펀 등의 요소가 중요하기는 해도, 그것들만으로는 충분치 않은 이유가 바로 여기에 있다. 그러므로 시대곡의 영문 번역어인 'Shanghainese pop'에서 상하이는 음악이 만들어진 장소를 뜻하지, 노래 가사의 언어를 뜻하지는 않는다. 'Cantonese pop'이 장소와 언어를 모두 담고 있는 것과 다르다. 시대곡은 상하이 방언인 오어(吳語)의 일종인 호어(滬語)를 사용한 곡이 아니라 어디서나 통용될 수 있는 국어를 사용한 전국적 팝 음악이었다.

어느 근대 국가에서나 국어를 공식 지정하게 되면, 이는 시간이 지나면서 지방어를 소멸하게 만드는 보이지 않는 폭력을 낳게 된다. 중국에서도 마찬가지였지만, 그래도 국어를 사용한 노래들은 반식민지 상황에서 하루하루를 힘겹게 살아가는 보통 사람들이 부담 없이 즐길 수 있는 연예를 공급했다. 사람들은 그런 노래를 소비하면서 제국주의 무력에 침탈당하는 현실과는 다른 삶을 상상할 수 있었다. 그 연예가 코즈모폴리턴주의를 체현한 재즈와 접속되었다는 점은 엘리트 지식인들을 제외한다면 큰 문제로 인식되지 않았다. 가수 가운데 일본인이나 만주인이 있는 것도 큰 문제는 아니었을지 모른다.

재즈와 전쟁

재즈와 전쟁의 시대

'재즈 시대(Jazz Age)'는 통상 미국에서 1920~1930년대의 문화적 변화를 지칭할 때 사용되는 말이다. 스콧 피츠제럴드(Scott Fitzgerald)의 1922년 소설 《재즈 시대 이야기(Tales of the Jazz Age)》와 1927년에 개봉한 최초의 유성영화 〈재즈 싱어(The Jazz Singer)〉는 재즈라는 말을 국제적으로 퍼뜨리는 데 기여한 중요한 작품이다. 이 시기에는 재즈가 아프리카계 미국인의 음악 문화를 넘어 미국 사회 전반, 나아가 세계 각지에 파장을 불러일으켰다. 이때 재즈는 20세기 전반 약 40년을 지배한 가무를 위한 음악, 즉 기악을 총칭하는 이름이라고 해석할 수 있다.

그런데 '록의 시대'에 관한 토론을 떠올리면, '재즈의 시대'라는 설명은 좀 공허하다. 음악 장르 하나가 특정 순간에 급격히

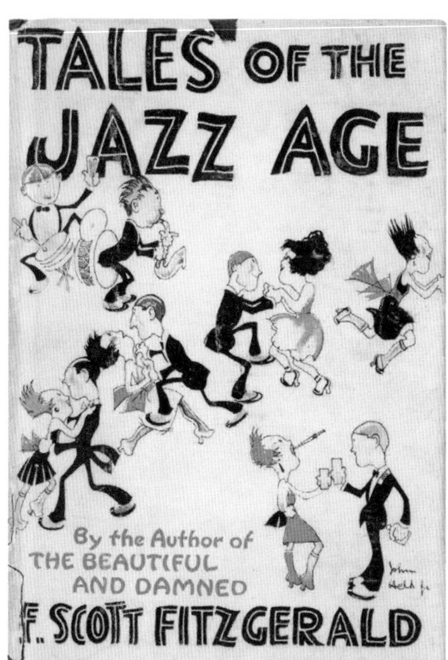

소설《재즈 시대 이야기》(1922)의 표지(위)와 도쿄 닌교초(人形町)에 있던 유니온댄스홀. 재즈가 사교댄스와 불가분했던 시기의 풍경이다.

부상해서 강한 파장을 몰고 왔다고 하더라도, 그 장르 하나로 수십 년을 '○○의 시대'라고 부르는 것은 그 기간에 공존했던 다른 장르들을 고려하지 않는 것일 뿐만 아니라, 여러 장르가 복잡하게 혼효(混淆)된 사실을 무시하는 일이기도 하다. 또한 어느 한 장르가 지배적 혹은 패권적이었음을 인정한다고 해도, 그 지배적 영향력은 세계 각지에서 상이하고 불균등하게 나타날 수밖에 없다.

동아시아가 '재즈의 시대'를 겪으면서 나타난 흥미로운 사실은 극과 극이 뚜렷했다는 점이다. 인구의 절대다수인 농민은 재즈가 무엇인지도 모른 채 살았으나, 대도시에 모인 소수 집단은 시대의 첨단인 재즈를 누리면서 살았다. 유행가나 시대곡이라고 불린 음악은 이 대도시의 소수 집단에 의해 창작되고 연행(演行)되었다. 그런 작품들에서 재즈의 흔적이 들리지 않는다면, 처음부터 의식적으로 배제했거나, 시도는 했지만 제대로 구현하지 못했거나, 나름대로 구현은 했지만 후대에 잘 알려지지 않았기 때문이다. 세 번째 이유는 중국 상하이 사례로 살펴보았는데, 다른 경우를 좀 더 알아보도록 하겠다.

1929년에 발표된 〈도쿄 행진곡〉 가사에는 '재즈'라는 단어가 등장한다. 곡 자체를 재즈라고 하기는 어렵지만 재즈 무드를 느낄 수는 있다. 이 시기 재즈란 댄스홀에서 밴드가 연주하는 음악의 총칭이었고, 스콧 피츠제럴드의 소설에서도 보듯 그런 개념이 동아시아에만 있었던 것도 아니다. 그래도 동아시아 팝을 다루기 위해서는 재즈가 유행했다는 사실을 더 깊숙이 살펴볼 필요가 있다. 이는 미국에서 창작된 재즈를 댄스홀에서 라이브 음악으로 연주하거나 카페와 다방에서 레코드음악으로 감상했다는 기본적 사실 외의 사건과 실천 그리고 작품이 있었는지에 주목한다는 뜻이다.

1920~1930년대 일본에서 재즈와 연관된 주요 사건이 일어난 해로는 1923년, 1928년, 1934년을 각각 꼽을 수 있다. 먼저 1923년 4월에는 '이다 이치로와 라핑 스타스(井田一郎とラフィング·スターズ)'라는 프로 재즈 밴드가 고베(神戸)에서 최초로 연주했다. 이는 일본에서 공식 기록으로도 인정받고 있는데, 중요한 사실은 연주 장소가 도쿄나 요코하마 등 간토 지방이 아니라 오사카와 교토 일대를 포함하는 간사이(關西)라는 점이다. 이다 밴드의 연주만 그랬던 것이 아니라, 1920년대 일본에서 재즈 메카는 도쿄라기보다는 오사카와 고베였다. 간사이에는 다카라즈카나 쇼치쿠 등 상업적으로 성공한 대형 가극단에서 운영한 악단이 있었기에, 인근 재즈맨들이 음악을 연습하고 생계도 유지할 수 있는 환경이 조성되었다. 반면 도쿄 일대는 1923년 9월에 대지진이 일어나면서 '아사쿠사 오페라'로 호황을 누리던 가극단들

이 한동안 심각한 곤경에 빠졌다.

1928년에는 미국 재즈의 일본어 번안곡인 〈아라비아의 노래(アラビヤの唄)〉와 〈푸른 하늘(青空)〉이 후타무라 데이이치(二村定一)의 노래로 콜럼비아레코드에서 발표되었다. 그 이후로도 재즈송에서는 번안곡이 상당한 비중을 차지했다. 후타무라 데이이치는 번안곡 발표에 그치지 않고 이듬해인 1929년에 〈그대 그립다(君恋し)〉와 〈그대여 안녕(君よさらば)〉이라는 창작 재즈송을 빅터레코드에서 발표했다. 두 곡은 A와 B가 선명히 구분되는 이른바 2부 구성 악곡 형식이고, 후자는 곡종이 '재즈송'이고 연주를 '빅터 재즈 밴드'가 맡았다는 명시적 기록을 남기고 있다.

삿사 고카(佐々紅華)가 작곡하고 후타무라가 녹음한 이 곡들은 넓은 의미로 재즈송이라고 할 수 있으며, 나카야마 신페이에서 고가 마사오로 이어지는 좁은 의미의 유행가와는 구분되는 특징이 있다. 일본인이 창작한 재즈송을 유행가에 속하는 하위 갈래로 놓을지 유행가와 구분되는 별도 갈래로 놓을지, 혹은 후타무라 데이이치를 유행가 가수로 볼지 재즈 싱어로 볼지에 관해서는 여러 의견이 있을 수 있다. 분명한 사실은 삿사 고카와 후타무라 데이이치 모두 아사쿠사 오페라 출신이었고, 국제적 유행을 민감하게 반영한 이색 작품을 만들어 파란을 일으켰다는 점이다.

1934년에는 또 다른 히트 번안곡이 등장했는데, 여러 커버 버전이 있는 〈다이나(ダイナ)〉다. 먼저 콜럼비아레코드에서 나카노 다다하루(中野忠晴)가 이끈 보컬 그룹 콜럼비아리듬보이스(コロムビア·リズム·ボーイズ)의 레코드가 나왔고, 몇 달 뒤 디크 미네(ディック·ミネ)도 데이치쿠레코드에서 솔로 녹음을 발표했다. 다소 과장이 있겠지만, 디크 미네의 레코드는 100만 장 가까이 판매되었다는 이야기까지 전한다. 연주자 이름에서부터 재즈 분위기가 완연한 〈다이나〉는 가창부보다 기악부가 더 길다는 특징이 있기도 한데, 유행가보다 댄스곡에 더 가까웠던 재즈송의 성격을 반영한 편곡으로 짐작된다. 디크 미네에게 이 곡을 녹음하자고 권유한 인물은 당시 데이치쿠레코드 중역이기도 했던 작곡가 고가 마사오였다고 하니, 재즈송을 창작했다고 보기는 힘들지만 그 역시 대세에 민감했다는 사실을 알 수 있다.

이 세 사건과 앞에서 했던 이야기를 종합해 보면, 〈술은 눈물일까 한숨이랄까〉가 1931년, 〈도쿄 온도〉가 1933년에 각각 발표되었으니, 1920년대 말부터 1930년대 초까지는 유행가(엔카)와 신민요, 재즈송이 앞서거니 뒤서거니 하면서 서로 다른 계열의 새로운 경향을 만들어 냈다고 할 수 있다. 여러 레코드 회사 중에서는 재즈 어법을 구사하는 음악인들을 1930년대 중반 대중음악 작곡과 편곡에 적극적으로 중용한 콜럼비아가 두드러진다.

1929년 발표된 〈그대여 안녕〉 SP레코드(왼쪽)와 2012년 발표된 모음집 CD.
오른쪽에서 왼쪽으로 적힌 'ジャズソング'(가타카나)와 'Jazz Songs'(영어)의 대비가 흥미롭다.

콜럼비아 전속 재즈맨으로 작곡에서 가장 큰 성공을 거둔 인물은 핫토리 료이치다. 그의 첫 번째 뮤즈는 샹송과 탱고를 부르던 아와야 노리코였는데, 스윙 리듬이 너무 강해서 상업적으로 실패한 몇몇 곡을 거쳐 1937년 〈이별의 블루스(別れのブルース)〉와 이듬해 〈비의 블루스(雨のブルース)〉가 연발로 히트했다. 그 뒤로 '와세이(和製) 양악'이라고 불리는 스타일, 즉 서양 리듬과 화성을 일본어 악곡과 결합한 작품들이 연이어 히트하면서, 핫토리 료이치는 고가 마사오와 더불어 중일전쟁 이전에 경력을 시작한 작곡가 중 양대 거물로 자리 잡았다. 1939년부터는 두 번째 뮤즈 가사기 시즈코를 통해 스윙을 실험하기도 했다.

콜럼비아레코드에서 작곡과 편곡으로 이름을 날린 또 다른 인물로 니키 다키오(仁木他喜雄)도 언급할 만하다.[12] 그는 작곡가로서는 핫토리 료이치 정도 위치에 오르지 못했지만, 일본은 물론 조선과 대만에서 발표된 주요 레코드에 편곡자로 이름을 많이 남겼기 때문에 특별히 주목할 필요가 있다. 앞서 본 대만 폭스트로트 무곡 〈춤추는 시대〉와 조선 재즈송 〈청춘 계급〉 두 곡을 편곡했다는 사실만으로도 그의 동아시아적 업적은 충분한 듯하다. 이는 그가 대만과 조선으로 신출귀몰하게 출장을 다녔다는 뜻이 아니라, 도쿄로 취입 여행을 온 대만과 조선 음악인들을 콜럼비아레코드 녹음 스튜디오에서 만나 함께 작업했다는 뜻이다.

그러면 이제 조선 재즈로 눈을 돌려 보자. 부인할 수 없는 사실은 조선의 재즈 전개 양상이 일본과 닮았다는 점이다. 레코드로 확인할 수 있는 조선 재즈의 그런 초기 역사는 일단 두 가지 사실을 언급하는 것으로 충분하다. 하나는 1930년에 배우 복혜숙(卜惠淑)이 후타무라 데이이치의 〈그대 그립다〉를 조선어로 부른 번안 레코드가 '조선 최초의 재즈송'으로 기록된다는 사실이고, 다른 하나는 가수 디크 미네가 1935년부터 삼우열(三又悅)이라는 예명으로 〈다이나〉를 비롯한 조선어 레코드를 여럿 발표한 사실이다. 그렇지만 조선 재즈가 모방과 번안에만 머물렀던 것은 아니다. 핫토리 료이치가 연이어 출세작을 내놓던 1930년

리ー갈레코ー드五月新譜 (發賣日 昭和十四年四月二十日)

레코ー드番號	曲種	曲目及作詩作曲家	枚數	吹込者
C四六七	悲劇	死의 勝利 (金茶人作)	一枚	池京順 朴世鳴
C四六八	재즈송	싱・싱・싱 (文藝部編・服部良一編曲) 집시ー의 달 (文藝部編・服部良一編曲)	一枚	孫牧人
C四六九	流行歌	사랑은 바람이라고 (千羽鶴詩 江口夜詩曲・仁木他喜雄編曲) 얼눅진 便紙 (千田輝詩・孫牧人曲・[illegible]編曲)	一枚	咸菊節 柳星葉

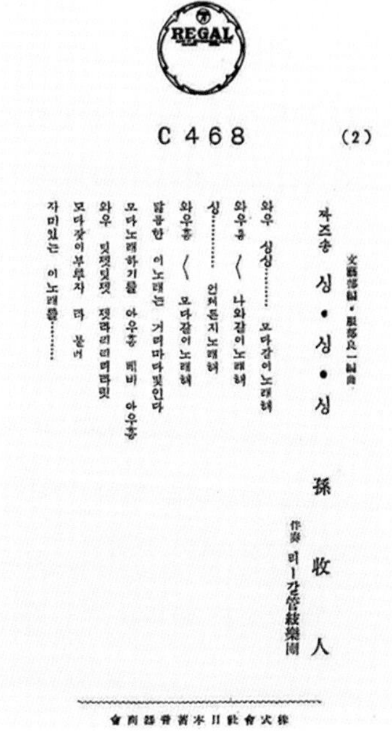
REGAL

C 468 (2)

재즈송 싱・싱・싱

文藝部編・服部良一編曲

와우 싱싱…… 모다갈이 노래해
와우흥 〱 나와갈이 노래해
싱……… 언제든지 노래해
와우흥 〱 모다갈이 노래해
땀풍한 이노래는 거리마다 빛인다
모다노래하기를 아우흥 삐비 아우흥
와우 텃젯텃젯 젯라리리리라밋
모다갖이부르자 라 불어
자미있는 이노래를……

孫牧人

作奏 리ー갈管絃樂團

株式會社 日本蓄音器商會

〈싱 싱 싱〉이 수록된
리갈(Regal)레코드 월보와 가사지

대 중반부터 후반까지 조선에서도 재즈송이 활발하게 창작되었다. 특히 김해송이 직접 노래까지 부르면서 왕성한 창작력을 보여 준 곡들은 조선 대중음악 역사에서 실로 진풍경으로 꼽힐 만하다. 그가 직접 노래한 〈청춘 계급〉은 식민지라는 상황에서 '데카당(décadent)'이 어디까지 표현될 수 있는지를 여실히 보여 주었고, 박향림(朴響林)이 부른 〈오빠는 풍각쟁이〉는 당시 트렌드였던 만요의 해학과 풍자를 절묘하게 표현했다. 앞서 언급한 아와야 노리코의 두 블루스곡을 박향림이 약 1년 시차를 두고 〈항구의 블루스〉와 〈열정의 블루스〉로 각각 번안한 사실과 손목인이 세계적 히트작인 루이 프리마(Louis Prima)의 곡 〈싱 싱 싱(Sing Sing Sing)〉을 조선어 가사로 직접 노래하고 핫토리 료이치가 편곡으로 참여한 사실 등이 이 시기 조선 재즈의 여러 측면을 보여 준다.[13]

이런 창의성은 김해송과 손목인이 잠시 떠났던 오케레코드로 차례차례 돌아온 뒤에도 지속된다. 김해송은 1939년 복귀 첫 작품으로 〈다방의 푸른 꿈〉이라는 블루스곡을 만들었고, 아내 이난영은 이를 멋들어지게 불러 냈다. 같은 해 박시춘은 〈바다의 꿈〉, 이듬해 손목인은 〈항구의 붉은 소매〉라는 곡을 만들어 역시 이난영에게 선사했고, 스윙 오케스트라로 편곡했다. 오케레코드에서 이난영을 잇는 여가수로 등장한 장세정(張世貞)은 1937년에 데뷔곡으로 히트한 전형적 유행가 〈연락선은 떠난다〉에 이어 1939년 블루스곡 〈항구의 무명초〉로 자리를 다졌다.

그렇지만 일본과 조선에서 1930년대 중후반에 폭발한 재즈 붐이 1940년대로 이어지지는 못했다. 1937년 7월에 중일전쟁이 시작되었고, 1939년 8월 나치 독일이 폴란드를 침공하면서 중일전쟁은 제2차 세계대전의 일부가 되었다. 일본은 나아가 독일·이탈리아와 동맹을 맺고 동남아시아로 전선을 확대하면서 태평양전쟁으로 판을 키웠고, 급기야 1941년 12월에는 하와이 진주만 공습을 감행해 태평양까지 치열한 전장으로 만들었다.

이러한 전시 국민 총동원 체제에서 대중음악이 어떻게 살아남았는지, 혹은 살아남지 못했는지를 살펴보기 위해서 세 가지 요점만 짚어 보고자 한다.

하나는 레코드 검열이다. 당시 용어로 '취체(取締)'라고 했던 검열과 단속은 1934년부터(조선에서는 1933년) 제도로 존재했지만, 전시 상황에서는 규정된 범위를 넘어서는 행정 당국의 자의적 해석이 강력하게 작용했다. 1936년 와타나베 하마코가 부른 〈잊어버려요(忘れちゃいやよ)〉는 가수의 창법이 '에로(ero)'를 연상하게 한다는 이유로, 1939년 다카미네 미에코(高峰三枝子)의 〈호숫가 여관(湖畔の宿)〉은 '계집애 같다(女々しい)'는 이유로 판매 금지 처분을 받았다. 오직 사나이 대장부 앞길에 걸림돌이 되지 않는 정서만 장려되던 시대였다.

두 번째는 특정한 인물이 극장에서 공연하는 것을 금지하는 조치였다. 쇼치쿠가극단에서 활동하던 가사기 시즈코가 그 예인데, 긴 속눈썹을 붙이고 화려하게 화장한 채 격렬하게 춤추는 그녀가 경찰 눈 밖에 났기 때문이었다고 한다. 그녀의 용모나 퍼포먼스가 '사치는 적이다(贅沢は敵だ)'라는 당시 관제 운동 슬로건과

맞지 않는다고 경찰 당국에서는 판단했을 것이다.

세 번째는 1940년 10월에 도쿄의 모든 댄스홀이 폐쇄되고 이후 그 조치가 전국으로 확대된 일이다. 재즈맨들이 일상적으로 음악을 연주하면서 생계를 꾸려 왔던 공간이 사라졌다. 1940년 9월 일본이 독일·이탈리아와 삼국 동맹을 맺고 제2차 세계대전 추축국(樞軸國)이 되면서, 미국은 적성국(敵性國)이 되었고 미국 음악인 재즈는 적성국 음악이 되었다. 물론 재즈의 기준은 모호했다. 1940년에는 영어 예명을 쓰지 말라는 지시까지 내려졌기에, 디크 미네는 미네 고이치(三根耕一)로 이름을 바꾸어야 했다. 레코드사들의 이름에서도 영문 표기가 점차 사라졌다.

세 가지 사례는 각각 음악의 작품, 활동, 공간에 관한 금지를 말한다. 금지라는 극단적 조치가 아니었더라도 재즈에 대한 통제는 제국의 내지(內地)와 외지를 가리지 않고 수행되었다. 통제 대상이 재즈에만 국한되지 않고 대중음악 전반으로 확대되면서, 1940년대에는 레코드를 통한 대중음악 전파가 대폭 위축되었다. 레코드를 생산하는 데 필요한 자재들이 품귀 현상을 빚은 데다, 레코드 제조 공장이 군수품 제조 공장으로 전환되는 일도 빈번했다. 어느 정도는 예상할 수 있듯, 레코드 산업은 불요불급(不要不急)한, 즉 사치품을 만드는 산업으로 분류되었다.

라디오 방송에서는 유행가와 대비되는 범주로 국민가(國民歌)

1940년대에 발표된 국민가 레코드.
〈국민진군가〉는 '국민가'로, 〈소국민진군가〉는 '애국가'로 표기되어 있다.
후대 연구자들은 '전시 가요'라는 범주로 포괄하기도 한다.

를 장려하는 캠페인이 1936년부터 확대되었다. 시국가·애국가·군가 등 용어와 구분되기도 하고 혼용되기도 했지만, 국민가 보급 목적이 국민 총동원에 있음은 분명했다. 수많은 국민가 가운데는 방송 캠페인 수준을 넘어 레코드 판매량이 수십만에 이를 만큼 일본 대중에게 큰 호응을 받은 〈애국행진곡(愛國行進曲)〉(1937)이나 〈국민진군가(國民進軍歌)〉(1940) 같은 곡도 있었다. 작사·작곡·가창에 대중음악인이 참여한 일도 많았는데, 그 동기와 과정은 자발과 강요 사이 어딘가에 있을 것이다. 그렇지만 어떤 경우든 이런 노래를 '일본 팝'이라고 보기는 어렵다.

1937년 이후로 방송에서, 1941년 이후로 레코드에서 유행

가가 가요곡이라는 용어로 대체된 사실도 주목할 변화다. 국민가 표기가 붙지 않은 서정적 노래라 하더라도 1937년 이전 유행가에 비해서는 가사 표현이 한층 건전해지기도 했다. 그 점에서 1942년에 기리시마 노보루와 후타바 아키코 두 스타 가수가 듀엣으로 부른 〈고원의 달(高原の月)〉은 전시 가요곡의 소재가 어디까지 허용되었는가를 보여 준다. 이 곡은 일본에서 '북알프스(北アルプス)'라고도 부르는 히다(飛驒)산맥을 배경으로 하는 영화의 주제가다. 일본 국내이기는 하지만 교통이 덜 발달했던 당시에는 충분히 이국적 산지 풍광을 영상에 담아낼 수 있었고, 주제가도 그런 분위기를 평화롭게 잘 살렸다.

그런데 당시 일본이 통치한 영토는 일본 열도, 즉 내지뿐만 아니라 대만·조선·만주·남사할린에 걸쳐 있었다. 그리고 중일전쟁으로 중국 일부도 일본에 점령당했다. 그때 일본은 중국을 지나라고 불렀고, 중일전쟁도 지나사변이라고 불렀다. 중국을 '지나'라고 부르는 데에는 지금 한국에서도 불편을 느끼는 사람이 많을 듯하다. 게다가 일본제국주의자들은 만주를 지나에서 분리하려고 무진 애를 썼다. '일만지'라는 표현은 이 책에서 동아시아라고 부르는 대상과 거의 일치한다. 불편하지만 당시 사람들은 이러한 상황 속에서 살아갈 수밖에 없었다. 맥없이 적응했든, 주체적으로 교섭했든, 결사적으로 저항했든 이러한 상황은 1932년부터 1945년까지 지속되었다.

당연히 만주와 지나를 소재로 하는 영화가 많이 제작되었고, 그중에는 국책 영화가 많았다. 이들 영화에는 흔히 주제곡이 삽입되었고, 그 노래들은 또 레코드로도 발표되었다. 그 과정에서 때로는 영화와 레코드에서 노래를 부른 가수가 서로 다른 복잡한 사정이 생기기도 했는데, 이는 영화 음악을 맡은 작곡가의 소속사와 주연을 맡아 노래를 부른 가수나 배우의 소속사가 달랐기 때문이다. 때로는 레코드 회사는 내지에 있는데, 영화사는 외지에 있기도 했다. 이 모든 일은 일본이 제국이었다는 사실, 그것도 몇십 년 사이에 영토가 급속도로 확대된 제국이었다는 사실에서 연유한다.

2000킬로미터를 종횡한 조선 가요곡

1939년 4월 10일 자 《매일신보》 연예 소식 기사를 보면 "신경, 하르빈, 상해 등지 쟈즈 음악계의 진중이던 반도 출신의 악사들로 조직된 빅터 전속 반도스윙보이스"라는 소개가 나온다. 반도스윙보이스의 공연은 '애드락슌'이라고 표현되었는데, 이는 영어 'attraction'을 일본식으로 발음한 'アトラクション'을 다시 조선말로 옮긴 것이다. 뜻으로는 '쇼'라고 해도 크게 다르지 않다.

흥미로운 사실은 이 조선 출신의 악사들이 만주와 중국 재즈 음악계의 '진중(한자 표기가 없지만 '鎭重'인 듯하다)'으로 표현되고 있다는 점이다. 이보다 하루 앞선 4월 9일 자《조선일보》에서는 반도스윙보이스가 "오케의 '쟈즈 빤드'에 대항해서" 조직되었다는 점을 강조하고 있으니, 그 무렵 조선에서 재즈가 아직 단속 대상이 아니었다는 점을 알 수 있다. 기사에서는 또 재즈가 도쿄나 상하이뿐만 아니라 '신경'과 '하르빈', 즉 신징(新京)과 하얼빈(哈爾濱)이라는 만주 도시들에서도 융성했음을 시사한다.

신징은 현재 지린성(吉林省)의 성도(省都)인 창춘(長春)이다. 이곳은 1932년 만주국이 수립되면서 문자 그대로 '새로운 수도'로 선정되어 계획도시로 건설되었다. 교통 면에서 보면 남만주 철도의 종점이자 북만주 철도의 기점인데, 현재 랴오닝성(遼寧省) 성도인 선양(瀋陽)과 헤이룽장성(黑龍江省) 성도인 하얼빈 중간에 있는 교통 요지다. 신징에는 각종 행정 기관과 더불어 만주영화협회를 비롯한 문화 기관도 자리를 잡았다. 만영은 만주국 패망 이후 중화인민공화국에 접수되어 창춘영화제작소가 되었는데, 그런 역사 덕에 오래전 영화 필름이 심심찮게 발견되고는 했다. 또한 신징에서는 교향악단도 운영되었고, 여기에는 적지 않은 조선 예술음악인들도 참여했다.

신징보다 훨씬 북쪽에 있는 하얼빈은 러시아 제국이 1899년

演藝消息

반도스윙뽀이스

九日부터東寶若草劇場

신경 하르빈 상해등지 자스음악계의 진중이든 반도 출신의 악사들로 조직된 빅타ー전속 『반도 스윙뽀이스』열한사람은 금번 빅타ー 조선판 취입을 마추고 九일부터 十六일까지 시내 동보약초극장에서 애드락숀을 가지게되엿다 (寫眞은 本社를來訪한 同『스윙뽀이스』

11인조 재즈 밴드 반도스윙보이스를 소개한 기사.
공연이 열린 동보약초극장(東寶若草劇場)의 '동보'는 지금도 일본 굴지의 영화사인 도호를 말한다. 1945년 이후에는 수도극장, 스카라극장으로 이름이 바뀌었다가 2005년에 철거되었다(《매일신보》 1939. 4. 10).

기차역을 설치하고 만주 횡단 철도, 일명 동청(東淸) 철도를 운용하면서 도시로 건설되기 시작했다. 하얼빈에도 역시 교향악단이 있었고 그 역사는 1908년까지 거슬러 올라가기도 하는데, 러시아 철도 직원들을 위한 악단이 그때 조직되었기 때문이다. 그 뒤 제1차 세계대전과 볼셰비키 혁명, 나치 박해와 제2차 세계대전 등 유럽이 혼란한 와중에 동유럽과 중유럽에서 많은 사람, 특히 러시아인과 유대인이 여기까지 피난을 와서 체류했다. 하얼빈 도심에 러시아풍 거리, 정교회 성당과 유대교 공회당 등 건물이 지금도 남아 있는 이유다. 일본과 러시아가 이권을 놓고 계속 충돌한 '제국의 역사'도 있고, 화베이(華北)나 산둥(山東)의 중국인과 반도의 조선인이 먹고살기 위해, 혹은 독립과 혁명을 위해 이곳까지 이주한 '이민의 역사'도 있다.

기사가 나온 1939년은 신징과 하얼빈에서 재즈가 연주된 지 얼마 안 된 시점이 아니라 이미 조선인들이 수년 동안 재즈를 연주하다가 '반도'로 돌아와서 '스윙'을 연주하는 '보이스'가 된 시점이다. 하얼빈은 볼셰비키 혁명에서 붉은 군대에 패배한 백계(白系) 러시아인이 대규모로 이주해 오면서 1920년대부터 음악 문화가 융성했다. 그리고 그 음악인 중 상당수가 중국이나 일본의 대도시로 재이주하여 연주자나 교육자로 활동했다는 이야기는 사실로 확인되고 있다. 기록이 부족하지만, 1930년대 상하이 시대곡 레코드에서 기악 연주는 러시아인 연주자들이 담당한 경우가 상당했다. 러시아인은 필리핀인과 더불어 동아시아 대중음악의 중요한 매개자였는데, 그들이 뿌린 씨앗이 싹을 틔울 즈음 동아시아에서 자취를 감췄다. 만주에서 재즈를 연주한 조선인도 러시아인 또는 유대인과 조우했으리라고 추정하지만, 기록은 작은 조각으로만 남아 있을 뿐이다.

1930년대 말 만주에서 나타난 음악적 파장은 반도스윙보이스의 '애드락슌'에 그치지 않는다. 이 공연 보름 전인 3월 26일에는 부민관(府民館, 현재 서울시의회 건물)에서 조선 최초의 교향악단 공연이 열렸다. 세르게이 슈와이콥스키(Sergei Schvaikovsky)가 지휘하는 하얼빈교향악단이 일본 공연을 마치고 돌아가는 길에 경성에도 들른 터였다. 악단의 연주에 관한 평은 엇갈렸지만, 작곡가 홍난파(洪蘭坡)가 조선에 교향악단이 없는 것을 '경성 시민의 치욕'이라고 했다는 논평이 두고두고 입에 오르내렸다. 이효석(李孝石)이 1940년《매일신보》에 〈창공(蒼空)〉으로 연재하고 이듬해 단행본《벽공무한(碧空無限)》으로 간행한 소설에서도 언급했을 만큼 파장이 컸던 행사다. 그토록 교향악단을 갈망했던 조선 지식인 음악계의 분위기가 일본 군국주의나 일본·독일·이탈리아 삼국 동맹과 어떻게 연관되는가는 안익태(安益泰)를 비롯한 몇몇 인물의 행적으로 밝혀진 바 있다.

이렇게 만주와 심정적 거리가 가까워진 1930년대 말 사회 분위기에서 만주를 소재로 하는 유행가가 나오지 않는다면, 그게 오히려 이상하다. 노래에서 만주를 표현하는 방식은 좀 더 구체적이었는데, 실제 만주로 가는 사람들이 등장한다. 두 곡이 대표적인데, 신구(新舊) 남성 스타 가수인 남인수와 채규엽이 1938년, 1939년에 발표한 〈울리는 만주선(線)〉과 〈북국 오천키로〉다. 남인수의 노래에서는 "찾아가는 그 세상은 나도 모른다"라며 기대와 불안이 교차하는 묘한 감정이 드러나고, 채규엽의 노래에는 "모스도와야", "키타야스카", "센토라루" 등 하얼빈의 거리 이름이 등장한다. 앞의 곡은 조명암(趙鳴岩)과 손목인, 뒤의 곡은 박영호(朴英鎬)와 이재호가 각각 가사와 곡조를 지었는데, 모두 기

表1．首都及び各省城総人口（1936年12月末現在）

	総人口	白系ロシア人	ソ連国籍者	本国人「満人」（満州族，漢族を含む）	日本人		その他外国人
					内地人	朝鮮人	
奉天	536,292	925	51	451,375	73,828	9,732	381
ハルビン	464,812	27,992	6,561	388,658	32,472	6,679	2,450
新京	305,578	724	19	239,748	58,407	6,620	60
安東	167,176	22	–	135,891	15,665	15,561	37
吉林	127,501	66	–	115,297	9,971	2,143	24
撫順	100,365	18	–	72,453	23,290	4,597	–
斉斎哈爾	94,676	324	–	86,840	6,924	551	37
錦州	88,468	10	–	80,831	7,001	624	2
佳木斯	39,090	40	–	36,828	1,780	438	4
鞍山	37,556	不明	不明	18,930	17,931	660	不明
承徳（熱河）	33,694	4	–	29,793	3,233	657	7
延吉	29,960	11	–	14,275	1,902	13,741	31
海拉爾	20,111	2,727	261	14,445	2,492	171	15
黒河	12,407	220	11	10,800	1,232	141	3
満洲里	6,882	1,316	409	4,131	912	76	38
合計	2,064,568	34,399	7,312	1,700,295	257,040	62,391	3,089

出所：『民政部調査月報』民政部総務司資料科，康徳四年，2巻5号，104~106頁。

만주국의 각 성 수도와 성 전체 인구(1936년 12월 말 기준)[14]

차나 썰매를 타고 머나먼 낯선 곳으로 이동하는 정조로 가득하다. 사실 '오천키로'는 시적 과장이고 경성에서 하얼빈까지 지도상 직선거리는 900킬로미터 정도 된다.

당시 기차를 타고 만주로 이민을 간 조선인의 규모를 대략 훑어보면, 1940년 당시 만주국에 거주했던 조선인이 약 130만 명이라는 통계가 있다. 이 통계대로라면 일본인 범주에 포함된 213만 가운데 60퍼센트를 넘는 셈이니, 조선인이 일본인보다

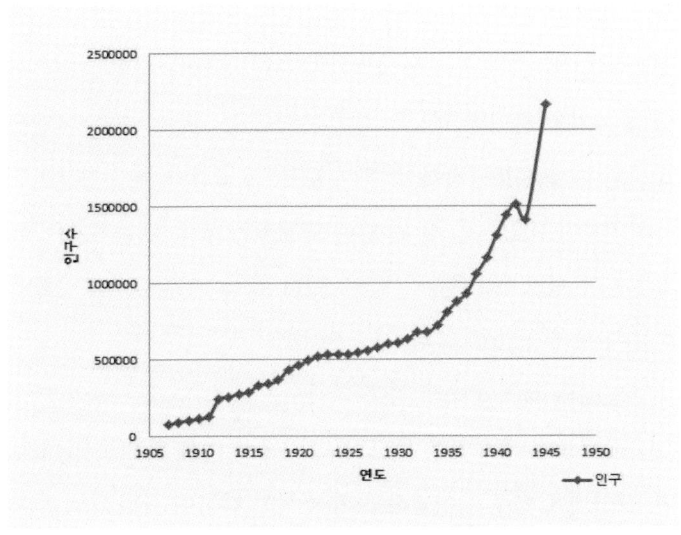

1907~1945년 만주에서 조선인 인구 추이.
1936년부터 1943년 사이 대폭 증가한 양상을 볼 수 있다.[15]

만주에 더 많이 이주했음은 틀림없다. 만주국 전체 인구 약 4300만 명 가운데 조선인의 비중은 3퍼센트 정도이므로 그리 많다고는 할 수 없지만, 무시할 수 없는 비중이라는 점도 알 수 있다.

또한 전체 조선 인구가 일본의 약 3분의 1 수준이었다는 점을 고려한다면 일본인보다 조선인에게 이민의 동기가 더 컸다고 추정할 수 있다. 1936년 8월 경성에 만선척식회사(滿鮮拓植會社)가, 신징에 선만척식회사(鮮滿拓植會社)가 설립되었다. '척식회사'는 말 그대로 식민지 개척 사업을 담당하는 국책 회사를 말하며, 만선과 선만에서 '선'은 조선, '만'은 만주를 뜻한다. 이렇듯 조선인 이민 사업을 관리할 정도로 일본제국이 조선인의 만주 이민을 장려한 사실은 분명하다. 표에서 보듯 1936년만 해도 일본인이 조선인보다 많았지만 몇 년 만에 역전되는 것을 보면, 그사이에 조선인이 대거 이민했음을 알 수 있다. 다음 그래프는 그 상황을 한눈에 보여 준다.

남인수와 채규엽의 두 작품 외에도 만주를 노래한 곡은 많다. 그중에서 3~4년 시차를 두고 1942년에 발표된 두 곡을 들어 보면, 그사이에 만주는 이별하고 가야 하는 타국이 아니라 여행 혹은 기행의 장소로 변모했음을 알 수 있다.

가장 유명한 곡은 "노래하자 하르빈 춤추는 하르빈"으로 시작하는 1942년 발표작 〈꽃마차〉다. 반야월(半夜月)이라는 필명으로 가수 진방남(秦芳男)이 가사도 직접 쓴 곡인데, "꾸냥의 귀걸이는 한들한들"이라는 구절이 등장한다. '姑娘'을 '고낭'이 아닌 '꾸냥'으로 발음한 것을 보면, 조선인도 나름대로 '무스메모노'를 만들었음을 알 수 있다. 가사에 등장하는 색소폰, 호궁(胡弓), 대정금(大正琴) 같은 악기들은 각각 유럽인, 중국인, 일본인이 공생하던 다문화 도시 하얼빈의 사운드스케이프를 나름대로 나타내고 있다.

이에 반해 이난영이 노래한 〈할빈 다방〉은 고독하고 침울하고 무겁다. 김해송이 지은 블루스풍 곡조는 3년 전 만든 〈다방의 푸른 꿈〉보다 더 '블루' 하다. 조명암이 쓴 가사는 "푸른 등 꿈을 꾸는 하르빈 다방"이라는 현재 장소에서 느끼는 감각과 "그리운 푸른 버들 늘어진 긴자"라는 과거 장소에 관한 기억을 대비해서 표현한다. 푸른 색채가 주는 다양한 감정의 범위를 극대화하면서, 당시 조선인이 상상하고 실제 여행도 할 수 있었던 지리적 범위도 극대화한다. 이 곡 역시 '하르빈 아가씨'가 등장하는 무스메모노지만, 그는 "겨울밤"에 "봄날"을 기다리는 절박한 갈망을 지닌 존재로 재현된다.

이 두 곡에는 앞서 언급한 두 곡과 이어지는 면도 있지만 다른 변화도 나타난다. 따라서 만주를 소재로 하는 조선어 유행가가 상당수 생산된 점과 더불어 변화와 관련해서 살펴봐야 할 논점들을 짚어 보고, 역사적 사건에 따른 변화를 살펴보고자 한다.

먼저 북방이나 대륙이라고 상상하던 만주가 척식의 공간이 되면서 창작자의 영감에 깊숙이 들어오게 되었다. 그 전까지 조선 유행가 가사가 항구·선창·부두·연락선 등 단어로써 해양 심상 지리(心象地理)에 주도되었다면, 1930년대 말부터는 대륙에 관한 심상 지리가 추가되었다. 즉, 하얼빈이나 만주, 북국은 작가들이 가 보지도 못한 채 자의적으로 상상한 곳이 아니라 실제로 순회공연을 다녀 본 곳들이었고, 관련 작품은 그곳을 구체적으로 회고한 것이다. 통상적 예상과는 달리 1930년대 말~1940년대 초는 아직 대중음악의 암흑기가 아니었기에, 지금까지도 애청되고 있는 많은 곡이 이때 창작되고 발표되었다. 적어도 1943년 말까지는 새로운 레코드가 제작되었다는 사실이 이 점을 뒷받침해 준다. 그 가운데 상당수 곡이 만주에서 영감을 찾았다는 사실은 다른 많은 예로도 알 수 있다.

두 번째 논점은 이런 레코드를 어디서 많이 제작했는가다. 이 시기 히트곡을 가장 많이 만든 회사는 오케레코드와 더불어 태평(太平)레코드였다. 간단하게 정리하면, 1940년대 초 조선 레코드 산업과 유행가는 오케레코드의 '조명암 작사-박시춘 작곡' 조합과 태평레코드의 '박영호 작사-이재호 작곡' 조합이 치열하게 선두 경쟁을 하는 구도 속에 전개되었다. 태평레코드에서 1940년에 발매한 백년설(白年雪)의 장조 5음계 곡 〈나그네 설움〉은 〈목포의 눈물〉 못지않은 상업적 성공과 사회적 파장을 몰고 왔고, 1930~1940년대 조선에서 가장 많이 판매된 레코드라는 비공식 기록이 전할 정도다. 태평레코드는 1930년대 초부터 따지면 업계 순위가 5위 정도에 그치지만, 1930년대 말 이후 유행가 성적으로만 따지면 양강 구도의 한쪽을 담당했던 셈이다.

세 번째는 장르 혹은 곡종이다. 〈목포의 눈물〉에 '신민요', 〈애수의 소야곡〉에 '유행가', 〈꽃마차〉에 '가요곡'이라는 서로 다른 장르 이름이 기재되어 있지만, 이름처럼 악곡 형식이 크게 다르지는 않다. 그런데도 이렇게 장르명이 다르게 붙는 경제적 혹은 정치적 맥락에 관해서는 앞서 잠시 설명했다. 단조 5음계, 2박자 리듬, 32마디 가창부, 세 절로 구성된 가사는 조선에서 가장 대중적 양식으로 정착했고, 작곡가 박시춘과 이재호는 본인의 미학적 감각에 따랐든 시장의 상업적 요구를 좇았든 이런 스타일의 작품을 대량으로 생산했다. 또한 재즈 기법을 도입하고 연구한 음악인들은 정형화된 악곡에 적절하게 기악을 편성해서 다채로운 분위기를 만들어 내는 솜씨를 발휘했다. 1930년대 후반부터는 일본에서 녹음하고 편곡과 연주도 일본 음악인들에게 대부분 의존했던 상황에서 벗어나 조선 녹음, 조선 음악인의 편곡과 연주가 점차 늘어났다. 그 결과 1940년대 조선 유행가 혹은 가요곡은 일본의 영향으로부터 어느 정도 벗어나는 경향마저 나타난다.

마지막으로, 오케레코드에서는 1937년 초 이후 데이치쿠에서 직접 파견한 일본인 지점장이 경영권을 행사하기 시작했고, 그 전까지 발행인이던 이철은 레코드 제작에서 영향력이 줄었다. 그는 이후 레코드 제작 대신 공연 단체를 운영하는 활동에 좀 더 주력하게 되었는데, 오케레코드 연주단에서 출발해 몇 차례 단계를 거쳐 1939년에 정식으로 등장한 조선악극단이 바로 그것이었다. 오케레코드와 밀접한 관련이 있는 조선악극단 외에도 콜럼비아레코드와 제휴한 라미라(羅美羅)가극단, 빅터레코드와 관련 있는 반도가극단이 뒤이어 주요 공연단으로 활약했다. 이들 대형 가극단 또는 악극단뿐만 아니라 크고 작은 여러 공연 단체가 조선은 물론 만주와 일본 등지를 돌며 공연을 펼쳤다. 1939년부터 1945년까지 대중음악사가 레코드 못지않게 악극의 역사라는 서사를 지니는 데는 이런 배경이 있다. 즉, 1940년대 조선 대중음악은 레코드로 기록된 작품만으로 설명해서는 불충분한데, 이는 역사적 사건에 따른 음악 환경의 변화와 관련이 있다.

그 변화는 1941년 12월 태평양전쟁 발발이라는 사건으로 전반적 설명을 대신할 수도 있지만, 조선 대중 연예계에서 일어난 구체적 사건들을 자세히 살펴볼 필요가 있다. 무엇보다 1941년 초에 조선연예협회가 결성되고, 이듬해 조선연극협회와 병합되어 조선연극문화협회로 확대되고, 그 조직이 공연 전반을 통제하게 된 사건은 매우 중요하다. 협회에서는 기예증(技藝證)을 발급하여 협회에 등록된 회원들에게만 무대에서 공연할 수 있게 허가했다. 게다가 국어를 사용하는 국민극(國民劇) 제작을 장려했다. 이때 국어는 당연히 일본어고 국민은 황국신민(皇國臣民)이다. 여기서 '국어'나 '국민'을 현재 한국에서 통용되는 뜻으로 해석하면 일제강점기의 진면목을 깨닫지 못한다. 조선과 마찬가지로 대만에서도 1942년에 대만연극협회(臺灣演劇協會)가 설립되어 조선연극문화협회와 똑같은 기능을 했다.

이런 관리 혹은 통제로 인해 음악인들은 극장 무대에서 가극 혹은 악극 형태로 공연하지 않을 수 없었다. 재즈는 고사하고 '삐딱하게 들리는' 음악도 연주하기 힘들었다. 음악이 영화나 라디오와 긴밀하게 연계되고 일상적으로 생음악을 연주하는 공간이 전쟁 중에도 어느 정도 유지되었던 도쿄나 상하이와 달리, 댄스홀도 정식으로 있어 본 적 없던 경성은 싫든 좋든 '악극의 도시'가 될 수밖에 없었다. 일본이나 중국 음악인들에 비해 그 시기 조선 음악인들에게 다재다능(versatile)하다는 인상이 느껴진다면, 그 까닭은 이러한 상황과 무관하지 않다. 다재다능함의 이면에는 이것저것 다 할 수밖에 없었다는 의미가 있기도 하다. 악극 연출의 귀재였다는 이야기가 무성한 김해송이 정작 레코드로 남아 있는 곡의 대중성 면에서는 박시춘이나 이재호에 미치지 못한다는 사실이 그 일단을 말해 준다. 무대 공연은 레코드와 달리 기록으로 남기 힘들고, 그나마 남아 있던 기록도 1945년 이후의 혼란으로 대부분 소실되었다.

조선을 도쿄나 상하이와 비교하는 것이 아무래도 사치(?)스럽다면, 대만과 비교해 보자. 대만에서도 레코드 생산이 위축되면서 음악인들의 활동이 무대극과 연관되는 경우가 많아졌다. 조선이 대만에 비해 그나마 상대적으로 유리한 점이 있었다면, 순회공연을 다닐 수 있는 장소 범위가 약간 더 넓었다는 점이다. 대만은 동중국해와 남중국해 사이 바다 한가운데 떠 있는 섬인 반면, 조선은 일본과 연락선을 통한 해로로, 만주와는 철도를 통한 육로로 연결되어 있었다. 게다가 일본과 만주에는 몇백만을 헤아리는 조선인이 거주했다. 특히 만주는 한때 '달러 박스'라 불릴 정도로 조선 공연단들이 즐겨 '투어'를 가던 곳이다.

이 가운데 조선악극단은 1939년부터 1944년까지 일본·만주·중국에서 열 번 이상 장기 순회공연, 당시 표현으로 순업(巡業)을 했던 것으로 확인된다. 그런데 '조선 붐'을 일으켰던 1939년 첫 번째 일본 공연과 1943년 마지막 일본 공연의 레퍼토리를 비교하면 확연하게 차이가 난다. 1939년 공연에는 재즈·유행가·민요 등이 균형 있게 배치되어 있지만, 1943년 공연에서는 전시 분위기를 뚜렷이 느낄 수 있는 작품들이 등장한다. 1943년 4월 1일부터 보름간 도쿄 아사쿠사에 있는 극장 긴류칸(金龍館)에서 상연된 주요 프로그램 네 가지 가운데는 '국민 악극' 〈천황의 백성인 우리(み民われ)〉와 '음악 희극' 〈야지와 기타 스파이 전선을 치다(彌次喜多スパイ戰線を擊つ)〉가 있다. 광고만으로 정확한 내용

을 파악할 수는 없지만, 제목만 보아도 심상치 않은 변화가 감지된다.

이런 변화에 관해 1940년까지는 조선의 정서를 표현할 여지가 있었던 반면, 1941년 이후는 그럴 여지가 없었다고만 해석하는 것은 다소 안이하다. 1940년 이전에도 조선의 정서는 제국의 지방색 이상은 아니었다고 반론할 수 있기 때문이다. 교섭의 여지가 점점 협소해지는 상황에서 음악인들의 창의성이 어떤 방식으로 드러났는지에 주목하는 관점이 더 생산적일 듯하다. 이런 작업이 레코드라는 작품으로 구현되는 데에는 한계가 명확했기 때문에, 몇몇 인물의 실천을 살펴보고자 한다. 예로 볼 대표적 인물은 임원식(林元植)과 신(申)카나리아, 그리고 현인(玄仁)이다.[16]

임원식은 1956년에 KBS교향악단 초대 지휘자를 맡았고, 이후 1969년에 교향악단이 국립으로 개편된 뒤에도 상임 지휘자를 역임하는 등 클래식음악에서 주로 활동했으니 대중음악인은 아니다. 그렇지만 그는 원래 대중음악과 연이 매우 깊었다. 임원식은 아래위로 형제 네 명이 있었는데, 임 씨 5형제는 1930년대 말 만주에서 이색적인 형제 악단으로 이름을 떨쳤다. 그리고 1939년 무렵 임원식은 하얼빈에서 음악학교에 다니는 동시에 밤마다 나이트클럽에서 러시아인이 주도하는 재즈 밴드 멤버로 피아노를 연주했다. 그때 하얼빈에 순업을 왔던 아와야 노리코와 가사기 시즈코가 그의 연주를 듣고는 일본에서 공부할 것을 권유했고, 실제로 그는 일본으로 가서 공부하게 되었다. 임원식이 직접 구술로 남긴 이야기다.

일본에서 학업을 마친 뒤 1944년 다시 만주로 돌아간 임원식은 하얼빈교향악단에서 일본인 지휘자 아사히나 다카시(朝比奈隆)의 지도를 받으며 연주자로 활동했다. 여기서 다시 한번 대중음악과의 연이 간접적으로 드러나는데, 아사히나 다카시가 핫토리 료이치와 더불어 우크라이나 유대인인 에마뉘엘 레오니예비치 메테르(Emmanuel Leonievich Metter)에게 음악을 배운 제자였기 때문이다. 메테르 자신이 하얼빈에 체류했던 경험이 있다는 점, 아와야 노리코와 가사기 시즈코가 핫토리 료이치의 뮤즈였다는 점을 고려한다면, 임원식을 가운데 두고 일본의 예술음악인과 대중음악인이 이리저리 얽혀 있던 셈이다.

그리고 일본이 패전한 뒤 당장 일본으로 돌아가지 못한 아사히나 다카시를 안전한 곳으로 피신하게 한 인물이 임원식이었고, 그 와중에 그는 공석이 된 하얼빈교향악단의 지휘자 역할을 맡는 행운을 누린다. 1945년 이전 아사히나 다카시의 활동을 보면 음악으로 일본제국에 보국(報國)하지 않았다고 말하기 힘들지만, 임원식이 그를 보호한 행동을 비판한 사람은 별로 없다. 만약 〈울리는 만주선〉이나 〈꽃마차〉 같은 노래가 조선인의 만주

이주를 부추겼다고 비판한다면, 같은 선상에서 임원식의 행동도 비판해야 마땅할 듯하다. 간단한 비판으로 역사를 바로 세우게 된다면 모르겠지만, 역사가 그렇게 단순하게 바로 세워지지도 않을 것이다.

신카나리아는 1930년대는 물론 1945년 이후에도 한국에서 오랫동안 배우 겸 가수로 인기를 누렸다. 그가 주연으로 나오는 1941년 악극 광고를 보면, 주연 신카나리아의 얼굴 사진과 악극 제목 〈은빛 부대(しろがね部隊)〉 아래에 '임형제경악단(林兄弟輕樂團)'이라는 8인조 밴드의 멤버 이름이 나온다. 그 가운데 네 명은 실제로 임 씨 형제고, 광고에는 예명으로 표기되었지만 다른 자료를 통해 그 본명을 확인할 수 있다. 임 씨 형제 다섯 가운데 임원식은 넷째고, 그는 학업 때문에 이 공연에 참여하지 않았다. 셋째인 임근식(林根植)은 1940년 이인권(李寅權)의 노래로 오케레코드에서 발표된 〈꿈꾸는 백마강〉이라는 유행가를 작곡했고, 그 뒤로도 작곡·편곡·연주 등 다양하게 작업했으며, 한국과 일본을 넘나들며 1980년대까지도 재즈 피아니스트로 활동했다.

광고에는 임 씨 형제가 만주에서 활동했다는 경력이 나오지 않지만, 임형제경악단의 리더로 '조선의 베니 굿맨(Benny Goodman)'이라고 불리기도 했던 둘째 임정박(林正博)은 1930년대 말에 신카나리아와 밀접한 사이였던 임서방(任曙昉)이 조직한 '선만(鮮滿) 아드락숀 뷰로'라는 단체에서 활동한 기록이 있다. 악극에서 주연을 맡은 신카나리아는 임서방과 함께 1930년대 중반에 만주로 건너가 펑톈(奉天) 댄스홀에서 댄서로 활동했는데, 그런 연줄로 임형제 경악단이 〈은빛 부대〉 악극에 출연했을 가능성도 있다. 이름난 배우였던 임서방은 신카나리아의 매니저로도 활동하면서 1940년 신카나리아가 발표한 노래 〈선창의 블루스〉 가사까지 썼다.

또한 〈은빛 부대〉 악극 광고에 등장하는 경성악극단은 경성보총극장(京城寶塚劇場)에서 공연했는데, 보총은 앞서 보았던 일본 유명 가극단 다카라즈카다. 줄여서 '성보(城寶)'라고도 불린 경성보총극장은 1940년에 일본 굴지의 연예 회사인 요시모토(吉本) 흥업이 투자하여 운영을 맡았는데, 그 전 이름은 황금좌(黃金座)였고 해방 이후 이름은 국도(國都)극장이다.

성보극장은 1942년에 성보악극단(城寶樂劇團)을 조직하는데, 광고에 등장하는 경성악극단은 그 전신으로 추정된다. 성보뿐만 아니라 동보약초극장도 1941년에 신흥(新興)악극단과 제휴해 약초악극단으로 운영하다가 1943년에는 직속 약초가극단을 새로 조직했다. 이를 통해 레코드 회사뿐만 아니라 극장을 운영하는 흥행 자본도 직접 악극단 혹은 가극단을 운영했다는 점, 악극이나 가극이 그만큼 당시 연예 흥행에서 절대적으로 중요했다는 점을 알 수 있다. 성보악극단에서 활동한 이는 신카나리아 외에

성보악극단의 전신으로 추정되는 경성악극단 악극 공연 광고(《매일신보》 1941. 11. 21)

도 많았지만, 특히 언급할 수밖에 없는 인물이 또 있다. 해방 이후 한국에서 남인수와 라이벌 관계를 형성할 만큼 대단한 인기를 누린 가수 현인이다.

1919년생인 그는 1938년 경성에서 고등보통학교를 졸업한 뒤 도쿄로 건너가 음악학교에서 성악을 공부했다. 아버지는 아들이 사관학교에 진학하기를 바랐다고 하지만, 현인은 가수로 길을 잡았다. 음악학교를 중퇴한 이후 조선으로 돌아와 무대 생활을 시작했다고 하는데, 그 과정은 상세히 알려져 있지 않다. 확실한 점은 늦어도 1943년 가을부터는 성보악극단에서 중요한 멤버로 활약했다는 사실이다. 조선어 레코드 제작이 1943년 말쯤 중단되었기 때문에, 현인은 취입 기회를 얻지 못하고 그렇게 무대에서만 활동했다. 그 뒤 징집을 피하기 위해 또는 위문 공연단의 일원이 되어 만주로 갔는데, 기록이 엇갈리기는 하지만 그 공연단이 신태양악극단이었다는 세간의 통설이 맞는다면, 그가 만주로 간 때는 1945년 1월쯤이었을 것이다. 이후 현인은 조선으로 돌아오지 않고 아예 중국으로 가서 주로 상하이에 거주하며 무대 활동을 이어 갔다고 한다. 그 와중에 일본군 위문 공연에도 불가피하게 참여했고, 그 때문에 제2차 세계대전 종전 이후에는 중국 당국으로부터 의심을 받아 베이징 형무소에서 다른 조선인 동료들과 함께 몇 달간 고초를 겪기도 했다. 그가 조선을 떠나 음악을 공부한 도쿄, 조선에 돌아오기 전 음악을 연주한 상하이나 베이징 사이의 거리는 약 2000킬로미터다.

해방 이듬해인 1946년 봄에 조선으로 돌아온 현인은 탱고나 샹송 같은 이국적 노래를 불러 인기를 얻었다. 특히 상하이 가후 궁츄샤가 노래한 탱고곡 〈꿈속의 사람〉은 현인이 상하이에서 익혀 한국에 소개했다고 알려져 있다. 〈꿈속의 사람〉은 이후 손석우(孫夕友)가 새롭게 가사를 붙이고 편곡한 〈꿈속의 사랑〉이 되었고, 1956년에 현인이 레코드로 발표해 큰 인기를 얻었다. 2년 앞서 다른 가수가 녹음한 버전이 〈몽중녀(夢中女)〉라는 제목으로 나오기도 했지만, 〈꿈속의 사랑〉만큼 히트하지는 못했다. 현인이 상하이 등 중국에서 활동한 경험이 작용하지 않았다면, 오늘날 많은 한국인이 이 노래를 알지 못했을 수도 있다. 상하이 시대곡이 이런저런 이유로 중국에 체류했던 조선인을 통해서 시공을 넘어 전파된 셈이다.

1930년대 말이나 1940년대 초에 임원식과 신카나리아, 현인은 어떻게든 만났을 것이고 같은 무대에 섰을 가능성도 높다. 그 장소는 만주였을 수도 있고 조선이나 일본이었을 수도 있다. 만약 직접 조우한 일이 없었다고 해도, 그 중간에 있는 사람들에 의해 복잡하게 매개되었음은 분명하다. 그리고 그들은 일본인이나 러시아인, 중국인과도 만나고 헤어지는 과정을 반복했을 것이다. 지금 드러난 기록은 극히 일부일 뿐이다. 그 당시 레코드로 남긴 작품이 없다고 해도, 그들이 크고 작은 무대에서 했던 활동은 당시 동아시아를 이동했던 혹은 정착해서 살아갔던 사람들에게 '아드락슌'을 제공했다.

현인이 상하이에서 가져왔으리라고 짐작되는 노래 〈꿈속의 사랑〉을 중국 노래로 알고 있거나 전통적 민요가 아니라 현대적 가요로 느끼는 사람이 많을 것이다. 그렇지만 작사와 작곡을 누가 했고, 원곡을 부른 가수가 누구고, 레코드가 어디서 제작되었고, 노래가 삽입된 영화가 무엇인지 아는 사람은 많지 않다. 예상하건대 현대 중국인들도 노래는 알지만 자세한 정보는 모를 것이고, 어쩌면 젊은 중국인보다는 좀 더 나이 먹은 한국인인 글쓴이들이 더 잘 알 듯하다.

이 곡은 2015년 한국 영화 〈그녀의 전설〉에 한국어로 리메이크되어 삽입되었다. 흥미롭게도 노래를 부른 이는 중국인 배우 탕웨이로, 이 영화의 감독인 김태용(金泰勇)과 부부의 연을 맺어 한국에 살고 있다. 그는 이 곡에 관해 "예전부터 잘 알고 있던 노래인데, 한국에서도 즐겨 부르는 곡이라고 해서 놀랐다"라고 말했다. 한국인들이 〈꿈속의 사랑〉으로 익히 알고 있다는 사실을 중국인들은 예상하지 못했던 셈이다. 그리고 그런 상황에서 중국인이 원곡을 한국어로 번창까지 하게 된 것이다.

월남 개량극(改良劇)과 개혁악(改革樂)

30여 년 전, 미국 캘리포니아에 모여 사는 베트남인 커뮤니티의 어떤 레코드 회사가 'Hong Kong by Night'라는 타이틀로 카세트테이프와 콤팩트디스크(CD)를 제작했다. 제목에 '홍콩'이 있지만 수록곡이 반드시 홍콩 노래는 아니고, 중국에서 나온 노래들을 베트남어로 번안해 여러 유명 가수가 나누어 녹음한 것을 엮은 모음집이다. 카세트테이프 표지에 'Người Trong Mộng'이라는 노래 제목이 보이는데, 한자로 바꾸면 '인중몽(人中夢)'이다. 글자의 순서만 바뀌었을 뿐 '몽중인'이라는 뜻이다.

〈꿈속의 사람(Người Trong Mộng)〉을 표지 타이틀로 넣어 제작된 카세트테이프(왼쪽)와 CD(오른쪽). CD 타이틀곡은 또 다른 중국 노래의 베트남 번안곡인 〈Cánh Hồng Trung Quốc〉인데 이 곡의 원곡은 앞서 언급한 〈장미 장미 난 너를 사랑해〉다.

중국 노래 〈꿈속의 사람〉은 이처럼 한국어뿐만 아니라 베트남어로도 번안되어 베트남인들에게 오랫동안 애창되어 왔다. 상하이에서 생산된 음악이 북방 경로를 통해 조선인에게 전파되고 남방 경로를 통해 베트남인에게 전파된 셈이다. 물론 당시 조선인과 베트남인은 서로 그런 사실을 전혀 몰랐을 테고, 지금도 아는 사람은 얼마 되지 않는다. 또한 설사 사실을 알게 된다고 하더라도 '그냥 그런가 보다' 하는 정도로 대수롭지 않게 생각할 것이다.

그 전파 과정이 그냥 우발적으로 이루어졌고 이제는 잊어버려도 그만인 일이라는 생각은, 바로 이 책이 이제까지 줄기차게 이의를 제기해 온 대상이다. '조선인'과 '월남인'이 '한국인'과 '베트남인'으로 변하는 과정에서 그런 망각이 생겨나고 번졌던 것은 인정할 수밖에 없지만, 그 전파 과정에서 많은 사람이 절박하게 나름대로 역할을 해 왔다는 사실도 인정해야 한다. 조선과 베트남 사이에 형성된, 형성되었을 수도 있는 관계에 인문학자나 문화연구자는 '트랜스콜로니얼(transcolonial)'이라는 단어를 사용하고 싶겠지만, 이는 사실 회색 지대를 넘어 흑색 지대에 가깝기에 연구할 엄두가 쉽게 나지 않을 듯하다. 그러나 기록이 없다고 사건도 없었으리라 확언할 수는 없다.

베트남 대중음악은 언제 어떻게 탄생했을까. 1897년에 베트남은 인접국인 라오스·캄보디아와 함께 공식적으로 프랑스 식민지가 되었다. 이후 천주교 교회와 학교에서 서양 음악이 전파되었고, 20세기에 들어 축음기나 영화, 라디오 등도 보급되었다는 사실을 확인하기는 어렵지 않다. 다른 동아시아 지역과 비교해 볼 때 '이르고 늦고'는 살필 필요가 있지만 '있고 없고'를 확인할 필요는 없다.

베트남 대중음악의 시작과 관련해서는 대개 두 가지 사건이 언급된다. 하나는 1934년 쩐응옥꽝(Trần Ngọc Quang)이라는 인물

아이리엔(Ái Liên)의 샹송 SP레코드로, 티노 로시(Tino Rossi)의 노래로 유명한 〈사랑의 기타(Guitare d'amour)〉를 1938년에 녹음했다.

이 '개량극' 정도로 번역될 까이르엉(cải lương)을 위해 신곡을 창작한 일이다. 까이르엉은 실제로 한자 '개량(改良)'에서 유래했으며, 도시 공간 환경에 적응하여 전통극이 근대화된 것이다. 19세기 말~20세기 초에 형성된 까이르엉은 1930년대 극장에서 크게 유행했고, 극 일부를 녹음한 레코드도 발표되었다. 까이르엉에 삽입된 곡은 현대적으로 편곡한 베트남 민속 음악, 베트남어로 번안한 프랑스 샹송 등 다양했지만, 베트남어로 창작한 경우는 1934년 쩐응옥쾅의 작품이 처음이었다.

다른 하나는 1938년 응우옌반뚜옌(Nguyễn Văn Tuyên)이 하노이(Hà Nội), 후에(Huế) 등 주요 도시를 순회하며 자작곡을 발표하는 공연을 한 일이다. 응우옌반뚜옌의 작품은 냑까이깟(nhạc cải cách)이라고 불렸는데, 한자 표기는 '樂改革'이므로 개혁 음악이라는 뜻이다. 까이깟은 까이르엉과 뉘앙스가 다르고 연극과 음악에 각각 사용되었다는 차이도 있다. 냑까이깟은 그보다 포괄적 범주인 떤냑(tân nhạc)의 한 갈래에 포함되기도 하고, 경우에 따라 등치되기도 한다. 떤냑의 한자 표기는 '신악(新樂)'이므로 새로운 음악, 즉 근대적 음악이라는 뜻이다. 쉽게 말해, 현시점에서 까이르엉이 전통음악으로 들린다면 냑까이깟은 대중음악이라고 할 수 있다.

중요한 사실은 1938년 응우옌반뚜옌이 순회공연 때 노래하고 연주한 곡 가운데 하나가 한 신문에 악보로 실렸다는 것이다. 예술음악이 아닌 대중음악의 악보 출판은 베트남 대중음악의 탄생이 널리 공인된 사건이었다. 그해 응우옌반뚜옌은 몇몇 곡을 빅터레코드에서 녹음한 뒤 SP레코드를 제조하기 위해 원반을 상하이로 보냈다고 회고했다. 또한 제2차 세계대전 발발로 상황이 여의치 않게 되어 상하이에서 만든 레코드를 받지 못했다는 기억도 덧붙였다. 그가 레코드 제조를 위해 녹음 원반을 상하이로 보냈다는 사실은 흥미롭다.[17]

그렇다면 〈장미 장미 난 너를 사랑해〉가 베트남에 일찌감치 알려진 사실도 별로 이상한 일은 아니다. 중국뿐만 아니라 일본에서도 많은 곡이 베트남에 전파되었지만, 그 사실이 후대에 명확히 알려지지 않았을 가능성이 크다. 당시 하노이 라디오 방송에서 중

MỘT KIẾP HOA

Lời ca và âm nhạc của Nguyễn văn Tuyển

THƠ ĐƯỜNG

Giang hành

TIỀN KHỞI

THƠ DỊCH

Đi trên sông

Thính giang địch, tống Lục thị-ngự

VY ỨNG VẬT

THƠ DỊCH

Nghe sáo sông tiễn quan thị-ngự họ Lục

Tống Hồ Đại

THƠ DỊCH

Tiễn Hồ Đại

TẢN ĐÀ

CẢI CHÍNH

1938년 7월 8일 일간지 《오늘(Ngày Nay)》에 실린

응우옌반뚜옌의 작품 〈꽃의 삶(Một kiếp hoa〉 악보(《Sông Hôương 》2022. 3. 3)

국 음악 공연을 방송하고,[18] 라디오와 축음기를 다루는 상점에서 일본 레코드를 판매했다[19]는 기록은 여기저기서 발견된다.

중국과 일본 곡을 누가 언제 어떻게 왜 전파했는지, 가지고 온 매체는 레코드였는지 악보였는지, 아니면 몸과 머리에 밴 기억이었는지, 소통할 때 사용한 언어는 중국어였는지 일본어였는지, 이 곡 말고 다른 곡은 가져오지 않았는지 등등 질문에 만족스러운 답을 얻을 확률은 거의 없다. 혹시 희귀한 자료를 발굴해 단편적 답을 얻는다 해도, 지역 간 소통 사실을 단순하게 확인할 수 있을 뿐이다. 근대 조선과 베트남 사이의 문화 교통에 관한 자료가 남아 있지 않으리라 지레짐작하여, 애당초 연구할 의욕이 일지 않기도 할 것이다. 언어 장벽은 고려하지 않고 하는 말이다.

사정이 이러하니, 이 책에서 다룬 시대에 일어났던 사실들이 망각되는 것은 어찌 보면 당연하다. 많은 사람이 잊지 말아야 할 사실들도 잊고 있으니, 그 정도는 잊어도 괜찮다고 생각할지 모른다. 그러나 흔적의 조각들은 완전히 지워지지는 않는다. 조선 땅덩이가 3000리, 대략 1200킬로미터 정도일 뿐인데, 5000킬로미터까지 배표나 기차표 한 장 들고 갈 수 있었던 시대의 흔적이 그런 조각들로 남아 있다.

조각을 이어 붙여서 무언가 만드는 작업을 영어로 패치워크

(patchwork)라고 한다. 예를 들면 헝겊 조각들을 이리저리 잇대고 얼기설기 꿰매서 만드는 수공예품이 있다. 이런 작업은 그물을 던져 빠져나가는 것은 그냥 놓아두고 걸리는 것만 건져 올리는 네트워크(network)와는 작동 원리가 다르다. 그러나 패치워크와 네트워크는 보완적이다. 네트워킹 작업이 잘되기 위해서는 그물이 터져서 새어 나가는 부분이 많지 않은지 살펴보고 너무 많이 터진 곳은 정성스럽게 손을 봐서 수선하는 패치워킹 작업이 반드시 필요하다. 시대곡과 유행가 대표작들을 유튜브(Youtube)나 빌리빌리(Bilibili) 네트워크를 통해 쉽게 들을 수 있다고 해도, 그 곡들을 누구나 찾아서 듣지는 못한다. 그리고 거기에 없는 노래도 부지기수다.

21세기에 첨단 테크놀로지가 지원하는 플랫폼에 기초한 동아시아 팝의 네트워크가 구축되기 이전에, 유행가와 시대곡을 패치워크 하던 시기가 있었다. 이는 마치 잘 사용하지는 않아도 집안 어딘가에 아직 남아 있는 누비이불 같다. 첨단을 자랑하는 현대에도 그 멋과 아름다움을 느낄 수 있다면, 아시아의 미에 관해서도 새로운 시야가 열릴 것이다. 20세기 전반기 패치워크와 21세기 전반기 네트워크 사이에는 다양한 인물이 각자 실천하면서 생겨난 여러 가지 사건이 있었다. 동아시아 대중음악 혹은 아시아 팝에 관한 탐구를 결코 멈출 수 없는 이유다.

epilogue

원고 마무리 작업이 한창일 때 뻣뻣한 다리를 애써 끌고 광주 아시아문화전당을 찾게 되었다. 오랜만에 받은 강연 요청이었기에, 그야말로 불원천리(不遠千里) 하고 갈 수밖에 없었다. 게다가 강연 요청이 들어온 며칠 뒤에는 공교롭게 광주 국악방송에서도 출연 요청 연락이 온 터였다. 그렇게 불원천리가 일타쌍피(一打雙皮)로까지 이어져 더욱 보람 있는 광주 당일 나들이가 되었다.

광주에서 사람들과 함께 나눈 이야기는 바로 이 책에서 다루고 있는 동아시아 유행가 시대의 이모저모였다. 그때 그 사람들, 그때 그 노래들, 그때 그 사건들. 그 이야기를 나눌 수 있었던 시간은 방송 30분, 강연 90분. 몇 곡 듣지도 않고 몇 사람 얘기하지도 않았는데 그냥 훌쩍 지나가 버리고 마는, 아쉬움이 진하게 남는 시간이었다. 그래서 끝에는 그런 얘기를 했다. 책을 준비하고 있으니, 오늘 이 아쉬움은 조만간 나올 책에서 풀 수 있으리라고.

그렇게 기약을 남기고 돌아와 다시 작업했고, 이제는 싫든 좋든 손을 털 때가 되었다. 그런데 책으로 풀 수 있으리라고 했던 아쉬움이 오히려 지금 더 커진 것 같기도 하다. 오랜 시간 공부하고 정리한 내용을 또 오랜 시간 고민하고 다듬어서 글로 엮었지만, 결국 한 세월을 책 하나가 감당하기란 역시나 불가한 일이다. 충분히 싣지 못한 그때 그 사람들, 그때 그 노래들, 그때 그 사건들에는 그저 미안할 뿐이다.

원고도 그렇고 강연이나 방송도 그렇고, 같은 질문이 계속되었다. 듣는 이들의 질문이기도 했고, 글쓴이들의 질문이기도 했다. 아마 독자들도 마찬가지일 듯하다. 그 옛날 대중음악을 우리뿐 아니라 옆 동네 일까지 짚어 가면서 지금 이렇게 살펴야 할 무슨 이유나 필요가 있는 것인가. 있을 수도 있고 없을 수도 있고, 답은 그렇다. 인간사 모든 일은 다 사람 하기 나름이니, 이유나 필요도 그렇게 생각하고 행동하면 있는 것이고 그렇지 않으면 없는 것이다.

마음을 움직이는 음악은 충분히 아름답고, 그 아름다움은 시공의 한계를 가뿐히 넘는다. 그리고 그 아름다움은 고단한 이 세상의 추접함을 견디고 이겨 내는 데 또 더없이 큰 힘을 준다. 음악이 현실 문제를 시원하게 바로 해결해 줄 수는 없지만, 그 힘을 앞으로 발휘할 가능성은 매우 크다. 그래서 글쓴이들은 이유와 필요를 느꼈고, 간단치 않은 이야기를 기꺼이 쓰게 되었다. 많은 독자도 책을 보면서 공감하고 동참해 주기를 진정으로 바란다.

20여 년 전 시안(西安) 찬팅(餐廳)에서 처음 만난 중국 아재들에게 박수받은 일이 있다. 한국 젊은이가 웬일로 〈夢中人〉을 다 부른다고. 10년쯤 전인가, 나고야(名古屋) 스낫쿠(スナック)에서는 처음 만난 일본 할배들한테 맥주도 한 병 받았다. 한국 젊은이가 기특하게도 〈酒は涙か溜息か〉를 다 부른다고. 그러니 앞으로는 〈목포의 눈물〉을 구성지게 부르는 동아시아 이국인에게 초면에도 기꺼이 박수와 술을 보낼 일이 있지 않을까 기대한다. 동아시아의 평화란, 인생의 즐거움이란 그런 데서 또 찾을 수 있는 것 아니겠는가.

東亞百年歌流行
盤音臺聲猶錚錚
一風一波艱難世
和唱和樂笑人生

주

prologue

1 Wong Kee Chee, *The Age of Shanghainese pops 1930-1970*, Hong Kong: Joint Publishing, 2001.

2 Nagahara Hiromu, *Tokyo Boogie-Woogie: Japan's Pop Era and Its Discontents*, Cambridge, MA: Harvard University Press, 2017.

3 黃奇智,《時代曲的流光歲月》, 三聯書店, 2000.

4 永原宣, 〈ショパンと流行歌: 音楽評論家園部三郎の活動にみる近代日本音楽文化の地政学〉,《ポピュラー音楽再考: グローバルからローカルアイデンティティへ》, 東谷護 編著, せりか書房, 2020, 41~73쪽.

5 Szu-wei Chen, "The Rise and Generic Features of Shanghai Popular Songs in the 1930s and 1940s," *Popular Music* 24(1), 2005, p.113.

6 Toru Mitsui, "The Interactions of Imported and Indigenous Musics in Japan: A Historical Overview of the Music Industry," in *Whose Master's Voice? The Development of Popular Music in Thirteen Cultures*, ed.

Robert Burnett, Alison J. Ewbank and Fouli T. Papageorgiou, Westport, CT: Greenwoord Press, 1997, p.160.

1. 동아시아, 팝 음악, 그리고 동아시아 팝

1 Charles W. Kegley & Gregory A. Raymond, *The Global Future: A Brief Introduction to World Politics*, Boston: Cengage Learning, 2012, p.91.

2 Koichi Iwabuchi, Stephen Muecke & Mandy Thomas, "Introduction: Siting Asian Cultural Flows," in *Rogue Flows: Trans-Asian Cultural Traffic*, eds. Koichi Iwabuchi, Stephen Muecke & Mandy Thomas, Hong Kong University Press, 2004, p.1.

3 C. J. Wan-ling Wee, "East Asian Pop Music and an Incomplete Regional Contemporary," in *Sound Alignments: Popular Music in Asia's Cold Wars*, eds. Michael Bourdaghs, Paola Iovene & Kaley Mason, Durham: Duke University Press, 2021, p.95.

4 Bram Gieben & Stuart Hall eds., *The Formations of Modernity: Understanding Modern Societies an Introduction Book 1*, Cambridge: Polity, 1993.

5 문화와 대중문화가 무엇인지 좀 더 깊이 알려면 제목이 '문화연구 입문' 등인 책들을 읽어 볼 필요가 있다. 문화라는 단어에는 언제나 다의적이라는 설명이 붙기 마련이므로, 책을 읽다 보면 해답보다 질문이 더 많이 생기는 부작용도 있다. 문화에서 대중문화로 좁혀도 사정은 크게 나아지지 않는다. 대중문화 입문서들 첫머리에는 대개 대중문화가 'popular culture' 혹은 'mass culture'를 번역한 말이라는 설명 그리고 두 용어의 뉘앙스가 똑같지 않다는 설명이 있다. 한국어로 번역하면 똑같이 대중문화

가 되어 버리는 두 용어의 뉘앙스를 구분하는 일은 쉽지 않다.

6 Simon Frith, "The Industrialization of Music," in *Music for Pleasure*, London & New York: Routledge, 1988, p.19.

7 Simon Frith, 위의 글, 1988, p.13.

8 Simon Frith, "Pop music," in *The Cambridge Companion to Pop and Rock*, eds. Simon Frith, Will Straw & John Street, Cambridge: Cambridge University Press, 2001, pp.93~108.

9 이른바 '록 형성체(rock formation)'라는 개념을 고안하여 현대 사회와 문화를 설명하려고 했던 미국의 문화연구자 로렌스 그로스버그가 대표적이다. 논리적 적합성 여부를 떠나 그런 개념이 미국 이외의 사회, 특히 비서양 사회에 적용될 수 있는지는 회의적이다(Lawrence Grossberg, *We Gotta Get Out of This Place: Popular Conservatism and Postmodern Culture*, New York: Routledge, 1992).

10 Simon Frith, "Anglo-America and its Discontents," *Cultural Studies* 5(3), 1991, p.269. 1980년대 펫숍보이스는 진지하고 진보적이라는 록의 미학을 비웃기 위해 경박하고 진부한 팝의 미학을 내세웠다.

11 Motti Regev, "The 'pop-rockization' of popular music," in *Studies in Popular Music*, eds. David Hesmondhalgh & Keith Negus, London: Arnold, 2002, p.253.

12 Motti Regev, 위의 글, 2002, p.253.

13 Motti Regev, 앞의 글, 2002, p.253.

14 신현준, 《록 음악의 아홉 가지 갈래들》, 문학과지성사, 1997.

15 Motti Regev, "Ethno-national Pop-rock music: Aesthetic Cosmopolitanism Made from within," *Cultural Sociology* 1(3), 2007, pp.317~341.

16 Motti Regev, "Cultural Uniqueness and Aesthetic Cosmopolitanism,"

European Journal of Social Theory 10(1), 2008, pp.123~138.

17 아르헨티나와 이스라엘 양국 모두 1960년대 초에 1인당 GDP가 1000달러를 넘어섰다. 비슷한 시기 영국은 1300~1400달러, 일본은 500~600달러 수준이었다. 매크로트렌드(https://www.macrotrends.net/)를 통해 조사한 수치다.

18 Keith Negus, *Popular Music in Theory*, Cambridge: Polity, 1996, p.162.

19 Keith Negus, 위의 책, 1996, p.163.

20 Keith Negus, 앞의 책, 1996, p.163.

21 田家秀樹, 《読むJ-pop　1945-1999私的全史》, 徳間書店, 1999.

22 김학선, 《K·POP 세계를 홀리다: 1970년대부터 현재까지 한국 대중음악을 만든 사람들》, 을유문화사, 2012.

23 Nagahara Hiromu, 앞의 책, 2017, 223쪽.

24 Hosokawa Shuhei, "Ongaku, Onkyō / Music, Sound," *New Approaches to Japanese Studies*, Working Words, UC Berkeley: Center for Japanese Studies, 2012, p.6.

25 이 점도 정확한 고증이 필요하다. 1930년대 중반까지 중국에서 레코드의 제품 분류에 '流行'이라는 단어는 사용되지 않았고, '時代'나 '摩登' 등의 단어가 사용되다가 1930년대 말 이후 流行으로 대체된 듯하다. 즉, 시대곡에서 '시대'는 아무리 일러도 1950년대 말 이후 복원된 단어라고 생각하는 쪽이 안전하다. 신현준·김태연, 〈'상하이 7대가후(上海七大歌后)'와 '시대곡(時代曲)'의 해부학〉, 《중국현대문학》 106, 2023, 1~42쪽.

26 Ho Tung-hung, "The social formation of mandarin popular music industry in Taiwan," PhD diss. Department of Sociology, Lancaster University, 2003.

27 Hosokawa Shuhei, 앞의 글, 2012, p.2.

28 Hosokawa Shuhei, 앞의 글, 2012, p.3.

2. 동아시아를 넘나든 소리, 소리를 가로막은 이상

1 이 글을 쓰는 시점에서 가장 최근에 출판된 책은 고바야시 다카유키 지음, 박진수 옮김, 《한국의 트로트와 일본의 엔카: 한일 대중음악 사회사》(역락, 2022)다. 원저는 小林孝行, 《日韓大衆音楽の社会史: エンカとトロットの土着性と越境性》(現代人文社, 2019)이다.

2 古賀政男, 《幾山河》, オクダ企畫, 1980, 47쪽.

3 권도희, 〈저항과 승리의 기호, 근대 민요: 음악 양식의 단계적 변화와 그 의미〉, 《국악원논문집》 45, 2022, 200쪽. 이 논문은 지역 민요가 도시 잡가로 변모하는 과정을 상세하게 고찰하면서, 잡조(雜調), 잡요(雜謠), 리요(俚謠), 속요(俗謠) 등 20세기 초 용어법을 세밀하게 해설한다.

4 E. Taylor Atkins, "The Dual Career of 'Arirang': The Korean Resistance Anthem That Became a Japanese Pop Hit," *The Journal of Asian Studies* 66(3), 2007, pp.645~687.

5 '꽃망울' 시리즈 노래 제목들은 아래와 같은데, 이 책에서 중요하게 다룰 대상은 아니므로 한국어 번역과 대만어 발음은 생략한다. 〈蓬萊花鼓〉, 〈摘茶花鼓〉, 〈觀月花鼓〉, 〈鳳陽花鼓〉, 〈新蓬萊花鼓〉. 자세한 디스코그래피와 1분 미리 듣기는 '대만음악 100년(臺灣音聲100年)' 웹사이트에서 '花鼓'를 검색하면 어렵지 않게 찾을 수 있다.

6 Andrew F. Jones, *Yellow Music: Media Culture and Colonial Modernity in the Chinese Jazz Age*, Durham, N.C.: Duke University Press, 2001, pp.1~10.

7 '신국음'은 1932년 중화민국 교육부에서 〈국음상용자휘(國音常用字彙)〉

를 편찬하면서 공식화한 표준음이다. 당시 '베이핑(北平)'이라고 불린 베이징 발음을 표준으로 해서 '노(老)국음'의 결점을 수정했다고 한다. 신국음이 충분히 전파되는 데는 몇 년 이상이 걸렸다.

8 1936년 이전 신웨창편에서 발표한 레코드들은 중악(中樂: 중국 전통음악)을 사용하고 성악(보컬)이 이끄는 월곡창편과 사교댄스 음악을 연주한 기악, 특히 서악 합주(西樂合奏: 서양 악기로 합주)로 연주한 도무창편(跳舞唱片)으로 대별된다. 전자보다 후자가 더 현대적이다. 본격적 광둥어 시대곡 혹은 월어 시대곡은 1950년대에 탄생한다. 容世誠, 〈錢廣仁及其新月留聲機唱片公司(1926－1936)〉, 《東方文化》, 第39卷 第1期, 2005, 3~20쪽.

9 田中啓爾, 〈滿洲國に於ける民族の接觸地域〉, 《地理》 3巻 2号, 1940, 185~202쪽.

10 Edgar W. Pope, "Songs of the Empire: Continental Asia in Japanese Wartime Popular Music," PhD diss. Universty of Washington, 2003.

11 이듬해 조선에서도 〈영춘화〉 레코드가 제작되었는데, 1절이 이해연(李海燕)이 부르는 조선어로 되어 있다. 이는 1절만 새로 녹음하고 1년 전 발표된 레코드의 2·3절을 짜깁기한 것이다.

12 콜럼비아레코드에서 편곡을 가장 많이 맡은 인물은 오쿠야마 데이키치(奥山貞吉)인 듯한데, 1887년생인 그는 삿사 고카나 나카야마 신페이와 같은 세대다. 콜럼비아리듬보이스의 〈다이나〉 편곡도 그가 맡았다.

13 일본에서 〈싱 싱 싱〉은 1938년 빅터레코드를 통해 빅터리듬조커스(ビクターリズムジョーカース)의 〈거리의 4인조 싱 싱 싱(街の四人組 - シング·シング·シング)〉으로 발표되었다.

14 ドミートリエヴァ·エレーナ, 〈満洲国における白系ロシア人の位置付け — 東洋人と西洋人の共存共栄·民族協和社会の実態〉, 《岡山大学経済

学会雑誌》49(3), 2018, 79~108쪽.

15 高崎宗司, 《中國朝鮮族》, 明石書店, 1996, 16쪽; 이규태, 〈중국 조선족 사회의 형성과정〉, 《재외한인연구》 10, 2000, 187쪽에서 재인용.

16 이준희·신현준, 〈1920-40년대 조선 대중음악과 만주: 인적 접속의 흔적과 영향〉, 《한민족문화연구》 82, 2003, 389~416쪽.

17 〈Nhạc sỹ Nguyễn Văn Tuyên – Người ca sỹ đầu tiên của tân nhạc Việt Nam〉, 《Dòng Nhạc Xưa》 2017년 2월 16일.

18 Lonán Ó Briain, "Musical cosmopolitanism in late-colonial Hanoi," *Ethnomusicology Forum* 27(3), 2018, p.269.

19 Lonán Ó Briain, 위의 글, 2018, p.272.

참고문헌

국내자료

고바야시 다카유키 지음, 박진수 옮김, 《한국의 트로트와 일본의 엔카: 한일 대중음악 사회사》, 역락, 2022

김학선, 《K·POP 세계를 홀리다: 1970년대부터 현재까지 한국 대중음악을 만든 사람들》, 을유문화사, 2012

신현준, 《가요, 케이팝 그리고 그 너머》, 돌베개, 2013

신현준, 《록 음악의 아홉 가지 갈래들》, 문학과지성사, 1997

신현준·최지선·김학선, 《한국 팝의 고고학》(전 4권), 을유문화사, 2005/2022

권도희, 〈저항과 승리의 기호, 근대 민요: 음악 양식의 단계적 변화와 그 의미〉, 《국악원논문집》 45, 2022

신현준·김태연, 〈'상하이 7대가후(上海七大歌后)'와 '시대곡(時代曲)'의 해부학〉, 《중국현대문학》 106, 2023

이규태, 〈중국 조선족 사회의 형성과정〉, 《재외한인연구》 10, 2000

이준희·신현준, 〈1920-40년대 조선 대중음악과 만주: 인적 접속의 흔적과

영향〉, 《한민족문화연구》 82, 2003

해외자료

Atkins, E. Taylor, *Blue Nippon: Authenticating Jazz in Japan*, Durham, N.C.: Duke University Press, 2001

Farrer, James and Field, Andrew David, *Shanghai Nightscapes: A Nocturnal Biography of a Global City*. Chicago: The University of Chicago Press, 2015

Frith, Simon, "Pop music," in *The Cambridge Companion to Pop and Rock*, eds. Simon Frith, Will Straw & John Street, Cambridge: Cambridge University Press, 2001

Frith, Simon, "The Industrialization of Music," in *Music for Pleasure*, London & New York: Routledge, 1988

Gieben, Bram & Hall, Stuart eds., *The Formations of Modernity: Understanding Modern Societies an Introduction Book 1*, Cambridge: Polity, 1993

Grossberg, Lawrence, *We Gotta Get Out of This Place: Popular Conservatism and Postmodern Culture*, New York: Routledge, 1992

Ho, Tung-hung, "The social formation of mandarin popular music industry in Taiwan," PhD diss. Department of Sociology, Lancaster University, 2003

Iguchi, Junko, "Osaka and Shanghai: Revisiting the Reception of Western Music in Metropolitan Japan" In Alison Tokita & Hugh de Ferranti eds., *Music, Modernity and Locality in Prewar Japan: Osaka and*

Beyond, London: Routledge, 2013

Iwabuchi, Koichi, Stephen Muecke & Mandy Thomas, "Introduction: Siting Asian Cultural Flows," in *Rogue Flows: Trans-Asian Cultural Traffic*, eds. Koichi Iwabuchi, Stephen Muecke & Mandy Thomas, Hong Kong University Press, 2004

Jones, Andrew F., *Yellow Music: Media Culture and Colonial Modernity in the Chinese Jazz Age*, Durham, N.C.: Duke University Press, 2001

Kegley, Charles W. & Raymond, Gregory A., *The Global Future: A Brief Introduction to World Politics*, Boston: Cengage Learning, 2012

Marlow, Eugene, *Jazz in China: From Dance Hall Music to Individual Freedom of Expression*, Jackson, University Press of Mississippi, 2018

Mitsui, Toru, "The Interactions of Imported and Indigenous Musics in Japan: A Historical Overview of the Music Industry," in *Whose Master's Voice? The Development of Popular Music in Thirteen Cultures*, ed. Robert Burnett, Alison J. Ewbank and Fouli T. Papageorgiou, Westport, CT: Greenwoord Press, 1997

Nagahara, Hiromu, *Tokyo Boogie-Woogie: Japan's Pop Era and Its Discontents*, Cambridge, MA: Harvard University Press, 2017

Negus, Keith, *Popular Music in Theory*, Cambridge: Polity, 1996

Pope, Edgar W., "Songs of the Empire: Continental Asia in Japanese Wartime Popular Music," PhD diss. Universty of Washington, 2003

Regev, Motti, "The 'pop-rockization' of popular music," in *Studies in Popular Music*, eds. David Hesmondhalgh & Keith Negus, London: Arnold, 2002

Wee, C. J. Wan-ling, "East Asian Pop Music and an Incomplete Regional

Contemporary," in *Sound Alignments: Popular Music in Asia's Cold Wars*, eds. Michael Bourdaghs, Paola Iovene & Kaley Mason, Durham: Duke University Press, 2021

Wong, Kee Chee, *The Age of Shanghainese pops 1930-1970*, Hong Kong: Joint Publishing, 2001

Atkins, E. Taylor, "The Dual Career of 'Arirang': The Korean Resistance Anthem That Became a Japanese Pop Hit," *The Journal of Asian Studies* 66(3), 2007

Chen, Szu-wei, "The Rise and Generic Features of Shanghai Popular Songs in the 1930s and 1940s," *Popular Music* 24(1), 2005

Frith, Simon, "Anglo-America and its Discontents," *Cultural Studies* 5(3), 1991

Gibbs, Jason, "The West's Songs, Our Songs: The Introduction and Adaptation of Western Popular Song in Vietnam before 1940," *Asian Music* 35(1), 2003/2004

Hosokawa, Shuhei, "Ongaku, Onkyō / Music, Sound," *New Approaches to Japanese Studies, Working Words*, UC Berkeley: Center for Japanese Studies, 2012

Negus, Keith & Shin, Hyunjoon, "Eurasian Entanglements: Notes towards a Planetary Perspective of Popular Music Histories," *Popular Music* 40(1), 2022

Ó Briain, Lonán, "Musical cosmopolitanism in late-colonial Hanoi," *Ethnomusicology Forum* 27(3), 2018

Regev, Motti, "Cultural Uniqueness and Aesthetic Cosmopolitanism,"

European Journal of Social Theory 10(1), 2008
Regev, Motti, "Ethno-national Pop-rock music: Aesthetic Cosmopolitanism Made from within," *Cultural Sociology* 1(3), 2007

古賀政男,《幾山河》, オクダ企畫, 1980
永原宣,〈ショパンと流行歌: 音楽評論家園部三郎の活動にみる近代日本音楽文化の地政学〉,《ポピュラ-音楽再考―グローバルからロ-ルアイデンティティへ》, 東谷護 編著, せりか書房, 2020
烏賀陽弘道,《'Jポップ'は死んだ》, 扶桑社, 2017
烏賀陽弘道,《Jポップとは何か: 巨大化する音楽産業》, 岩波書店, 2005
田家秀樹,《読むJ-pop　1945-1999私的全史》, 徳間書店, 1999

ドミ-トリエヴァ·エレ-ナ,〈満洲国における白系ロシア人の位置付け ― 東洋人と西洋人の共存共栄·民族協和社会の実態〉,《岡山大学経済学会雑誌》49(3), 2018
田中啓爾,〈滿洲國に於ける民族の接觸地域〉,《地理》3巻 2号, 1940

黃奇智,《時代曲的流光歲月》, 三聯書店, 2000

容世誠,〈錢廣仁及其新月留聲機唱片公司(1926 – 1936)〉,《東方文化》, 第39卷 第1期, 2005

기타

《조선일보》

《매일신보》

《브리태니커 백과사전》

〈Nhạc sỹ Nguyễn Văn Tuyên – Người ca sỹ đầu tiên của tân nhạc Việt Nam〉, 《Dòng Nhạc Xưa》 2017년 2월 16일

참고사이트

국제음반산업협회

https://gmr2021.ifpi.org/assets/GMR2021_State%20of%20the%20Industry.pdf

대만음악 100년

https://audio.nmth.gov.tw/audio

매크로트렌드

https://www.macrotrends.net/

비주얼 캐피털리스트

https://www.visualcapitalist.com/wp-content/uploads/2021/08/Global-Wealth-Distribution.html

Sông Hương

http://www.tapchisonghuong.com.vn/hue/p0/c107/n31178/Nhac-sy-Nguyen-Van-Tuyen-va-cuoc-van-dong-cai-